인문학 좀 아는 어른이 되고 싶어

인문학
쫌 아는
어른이
되고 싶어

조이엘 지음

읽으면 읽을수록 생각이 쌓이는 지식 탐사기

섬타임즈

프롤로그

집 옆으로 무수천이 흐른다. 한라산 꼭대기에서 시작해 제주 도심과 애월읍을 경계 지으며 흐르다 바다로 스며드는 작은 하천이다.

거짓말이다. 무수천은 흐르지 않는다. 군데군데 물웅덩이만 고였을 뿐 폭우가 내릴 때를 제외하곤 1년 내내 말라 있다. 그래서 무수천無水川이다.

물 없는 개천은 참 밋밋하다. '습관적으로 전화를 해 관심도 없는 서로의 일과를 묻는' 오래된 연인처럼, 무수천은 하루 두 번씩, 출퇴근 길에 심드렁히 바라보는 그저 그런 하천이었다.

어느 여름날, 하릴없이 대동여지도를 뒤적이다 한자들 숲을 헤치며 무수천을 찾아냈다. 가슴 속에서 무언가가 뚝 소리를 내며 떨어져 나갔다.

무수천無愁川

물 없는 하천이 아니라 근심 없는 하천, 근심을 없애주는 하천이었다.

그날 이후 무수천엔 물이 흐른다. 그 물은 내 눈에만 보인다.

"기껏해야 백 년 사는 인생, 왜 천 년 근심을 품고 사니?"

인간은 태초부터 이야기에 중독되었다. 이야기를 만들고, 이야기로 세상을 해석하며, 이야기로 삶을 살아낸다. 인간은 이야기 없이 살 수 없다. 이 책은 갭투자, 고흐, 영조, 우주배경복사 등 무관한 단어들을 아슬하게 연결해서 만든 한 편의 이야기다.

이 이야기가 독자들 가슴에 무수천 한 줄기로 흐르길 소망한다.

조이엘

차례

소크라테스의 변론

외모의 중요성

고흐의 당부

귤 이야기

갭투자의

진
실

0원짜리
아파트

1965년 프랑스 남부 도시 아를. 시내 중심가 10억 원짜리[1] 아파트가 팔렸는데 매매 계약서가 희한하다.

-매도인: 잔 칼망_{Jeanne Louise Calment}(여, 90세)

-매수인[2]: 앙드레 라프레_{Andre Raffray}(남, 47세)

-매매 대금: 0원

---

1   원활한 이해를 위해 화폐 단위를 원화로 바꿔 표기했고(2022년 3월 기준), 단위를 생략하기도 했다.

2   매도인賣渡人은 파는 사람, 매수인買受人은 사는 사람이다.

하우스 푸어의
현실

칼망은 부유한 아버지와 건물주 남편의 찬스로 유년기, 사춘기, 청년기, 갱년기 모두 돈 걱정 한 번 하지 않고 취미 생활을 하며 보냈다. 일은 모두 하인들이 했다.[1]

그러나 말년에 인생이 꼬였다. 남편은 여든을 넘기지 못하고 사망했고 하나뿐인 딸은 병으로, 외손자는 교통사고로 잃었다.

고령으로 일을 할 수 없는 칼망에게 남은 건 평생 거주해온 고급 아파트 한 채뿐이었다. 그마저 깔고 앉아 있으니 돈 나올 구멍은 없고 세금과 건물 유지비는 갈수록 부담되었다.

'집을 팔아서 현금을 마련해야 하나?'

---

1 칼망의 아버지는 선박 제조업자이자 건물주였고, 남편은 의류 사업가이자 건물주였다.

위험한
제안

칼망의 곤란함은 그의 변호사였던 라프레에겐 기회였다. 그는 칼망의 사정을 누구보다 잘 알고 있었기에 집요하게 칼망을 설득했다.

"200년 넘게 아를 상류층으로 살아온 할머니 가문의 명성이 있는데 어떻게 아파트를 줄여서 이사를 가시겠어요. 그러지 말고 제게 아파트를 파세요. 일단 명의를 저에게 넘기고, 할머니는 돌아가실 때까지 계속 아파트에 사세요."

한 박자 쉬고,

"제가 목돈이 없어 일시불로 매매 대금을 드릴 순 없으니 매달 400씩 연금처럼 드릴게요. 할머니가 돌아가실 때까지."[1]

두 박자 쉬고,

"사실 목돈 쓰실 일도 없잖아요?"

마무리는 노령층 최대 이슈인 웰빙_{well-being}[2]과 웰다잉_{well-dying}[3]
이었다.

"월 400이면 할머니가 원하는 건 다 누리며 살다가 품위 있
게 죽음을 맞이할 수 있어요."

---

1   실제로 매달 2,500프랑씩 지불했다. 현재 가치로 약 400만 원(2022년 3월 기준).

2   몸과 마음이 건강하게 조화를 이루는 삶.

3   존엄, 가치, 품위를 지키며 마무리하는 삶.

무조건 이기는
게임

수려한 '말빨'로 칼망의 마음을 뒤흔든 라프레. 칼망을 가까이에서 지켜봐온 그에겐 과학과 통계에서 나온 확신이 있었다.

1965년 당시 프랑스 여성 기대수명은 81세다.[1]
⇨ 칼망은 이미 90세다.

나이가 들수록 알코올, 지방, 단순당은 자제해야 한다.
⇨ 칼망은 와인, 케이크, 초콜릿을 매일 먹고 마신다.

---

1 기대수명은 어떤 사회에 사는 사람이 앞으로 생존할 것으로 기대되는 평균 생존 연수다. 2017년 세계보건기구 논문에 따르면 2030년에 태어나는 한국 여성의 기대수명은 90.82세로 세계 1위다. 다음은 프랑스(88.55세), 일본(88.41세), 스페인(88.07세), 스위스(87.07세) 순이다. 남성 역시 84.07세로 한국이 세계 1위다. 호주(84세), 스위스(83.95세), 캐나다(83.89세), 네덜란드(83.60세)가 뒤를 잇는다. 한국인들이 교육율이 높고 영양과 성인병 관리를 잘하고 비만율이 낮아서 그렇다고 한다.

담배는 1군 발암물질이다.[2]

⇨ 칼망은 70년째 흡연을 하고 있다.

따라서 칼망은 죽는다. 곧 죽는다. 1년 안에 죽는다.

게다가 칼망보다 한 살 더 많은 처칠도 며칠 전에 죽었잖아.[3]

---

2   술과 담배는 세계보건기구 산하 국제암연구소가 발표한 1군 발암물질이다. '1군'은 인간에게 암을 유발하는 것이 확실한 물질로 석면, 카드뮴, 비소, 미세먼지, 햄, 소시지, 베이컨 등이 있다. 간접흡연도 1군에 속한다.

3   윈스턴 처칠Winston Leonard Spencer Churchill(1874~1965). 처칠이 91세에 죽었다고 90세 칼망도 곧 죽을 거라는 건 인지부조화다. "인간은 합리적 존재가 아니라 합리화하는 존재다." 미국 심리학자 레온 페스팅거Leon Festinger(1919~1989)의 말이다. 인지부조화에 대해서는 다음 책을 참고하길 바란다. 레온 페스팅거, 《인지부조화 이론》, 김창대 역, 나남출판, 2016.

시세차익
10억

칼망과 라프레가 맺은 아파트 매매 계약서 특약이다.

① 아파트 소유권은 오늘부터 라프레에게 넘어간다.

② 라프레는 칼망에게 매달 400만 원을 지급한다.

　칼망이 죽을 때까지.

③ 칼망은 죽을 때까지 아파트에 거주할 수 있다.

라프레 부부는 그날 저녁 최고급 와인으로 축배를 들었다.

"길어야 1년, 빠르면 내일도 가능해!"[1]

1　칼망이 1년 뒤에 죽으면 라프레는 4,800만 원으로 10억짜리 집을 사는 셈이다. 만약 칼망이 계약한 다음 날 죽으면? 400만 원으로 끝.

고얀
녀석

꼬맹이 살금살금 다가와 집 앞 대추 훔치니

주인 노인 문밖으로 뛰쳐나와 꼬마를 꾸짖네

달아나던 꼬맹이 눈 흘기며 소리지른다

흥, 내년 대추 익을 땐 살지도 못할 거면서

隣家小兒來撲棗(인가소아래박조)

老翁出門驅少兒(노옹출문구소아)

小兒還向老翁道(소아환향로옹도)

不及明年棗熟時(불급명년조숙시)[1]

---

1 허균이 굉장히 존경했던 스승 이달李達(1539~1612)이 쓴 시다. 손곡 이달은 최경창, 백광
   훈과 함께 조선 중기 삼당시인三唐詩人으로 꼽힌다. 셋 다 조선에서는 높은 벼슬에 오를
   수 없는 서얼, 즉 아웃사이더였다. 당시 주류는 송(나라) 시였으나 셋 다 아웃사이더답게
   당(나라) 시를 따랐다. 허균은 스승 이달이 쓴 시들이 맑고 혁신적이며 우아하고 아름답
   다(淸新雅麗, 청신아려)고 평가했다.

비아제
거래

　노인이 자신의 집을 담보로 금융기관에서 연금을 받는 제도는 미국, 한국에도 있다.[1] 하지만 개인 간 부동산 거래에서 매매 대금을 연금처럼 지급하는 시스템은, 국가가 법률로 시스템을 보호하는 데다 세금 혜택까지 부여하는 건 프랑스가 유일하다. 이를 '비아제viager'라 부른다.[2] 칼망과 라프레의 부동산 매매 계약은 비아제 거래였다.

　대략적인 비아제 거래는 이렇다. 1965년 당시 매도인이 70세 여성인 경우, 즉 '통계상' 앞으로 10년을 더 살 것으로 기대되는 경우, 매매 가격(비아제 가격)은 시세 절반 정도에서 결정된다.[3] 매수인은 10년을 기다리는 조건으로 10억짜리 아파트를 5억에

1　역모기지론, 장기주택저당대출, 주택연금, 주택담보노후연금제 등.

2　종신연금 정도로 해석하면 된다.

살 수 있다는 말이다.[4]

매매 계약 시 30%(1억 5,000만 원)를 계약금으로 지급하고, 나머지 70%(3억 5,000만 원)를 120개월로 나눠 매달 지급한다.[5]

-시세: 10억 원

-비아제 가격: 5억 원

-계약금: 1억 5,000만 원

-연금 총액: 3억 5,000만 원(월 292만 원)

계약 당시 90세였던 칼망은 오래전에 기대수명을 다 써버렸다. 할머니에겐 미안하지만 통계적으론 계약 다음 날 죽어도 전혀 이상하지 않다.

따라서 연금액으로 월 1,000만 원을 내걸어도 달려들 매수인들이 줄을 선다. 그걸 월 400만 원으로 퉁쳤으니 계약한 날 라프레 부부가 최고급 와인으로 만찬을 즐길 수밖에.

---

3 매도인의 예상 수명이나 집 상태 등에 따라 비율이 달라지는데 대략 40~60%에서 결정된다. 물론 매도인과 매수인이 합의해야 한다.

4 집주인이 65세 여성이면 기대수명이 15년 남았으므로(매수인이 15년을 기다려야 집을 넘겨받을 수 있다) 비아제 가격은 70세 여성보다 훨씬 저렴해지고 연금액도 비례해서 낮아진다. 반대로 75세 여성은 5년만 기다리면 '이론적으로' 집을 넘겨받을 수 있으므로 비아제 가격이 높아지고 연금액 역시 높아진다.

5 칼망이 계약금을 받았는지는 기록이 없다. 안 받은 것으로 추정된다.

윈윈
게임

비아제 거래는 좋은 거래일까?

매도인은 계약금과 연금에 대한 세금 공제 혜택을 받을 수 있다. 정든 집, 정든 이웃, 익숙한 환경을 떠나지 않아도 된다는 건 노인들 정서에 돈으로는 대체할 수 없는 안정감을 선사한다.[1]

매수인은 고가 부동산을 반값 정도에 구입할 수 있다. 구입한 집에 대한 세금 혜택도 있다. 게다가 매도인이 예상보다 빨리 죽는다면 벼락 횡재도 가능하다.[2]

매도인과 매수인 모두 윈윈이 가능한, 보기 드문 부동산 거

---

1 집에 대한 세금과 수리 유지비도 계약일로부터 모두 매수인 몫이다. 특별한 소득 없이 집 한 채만 가지고 있는 노인 가구에겐 주거 안정을 꾀하면서 부동산을 현금화할 수 있는 좋은 거래다.

2 매도인에게 지불하는 연금을 월세와 비교해보면 쉽게 이해할 수 있을 것이다. 월세 계약이 만료되면 아무것도 남지 않지만 연금을 내는 기간이 끝나면 내 집이 생긴다.

래인 셈이다. 그런데도 프랑스 전체 주택 거래에서 비아제가 차지하는 비중은 10% 정도에 불과하다.

왜 그럴까?

메이드 인
프랑스

사실 비아제는 큰 인기를 끌지 못했다. '집주인이 죽는 걸 기다리면서까지 집을 사야 해?'라는 찝찝함 때문이다. 하지만 프랑스도 한국처럼 주택난이 심각해지자 오래전에 탄생한 비아제 거래가 서서히 인기를 얻고 있다.[1]

1. 2019년 기준, 우리나라 65세 이상 노인 가구의 자가自家 거주 비율은 76.9%로 모든 연령대를 통틀어 가장 높다.[2] 하지만 상대적 빈곤율도 높다.[3] 한국을 넘어 OECD 내에서도 압도적 1위다.

---

1   비아제의 개념 자체는 한국에서 장보고가 사망한 9세기 중엽에 생겼다.

2   2020년 통계청 발표 '2020 고령자통계' 자료 기준. 2019년 우리나라 전체 자가점유율은 58%. 수도권 노인 68.7%, 비수도권 노인 82.6%.

3   상대적 빈곤율(중위 소득 50% 이하 비율)은 44%(2017년 기준)로 OECD 내에서 1위다.

2. 2년치 연봉을 한 푼도 쓰지 않고 모아도 2년간 오른 집값을 감당할 수 없는 게 요즘 무주택 가구의 현실이다.

부동산 전문가들이 6박 7일 끝장 토론을 벌이든, 기상청 슈퍼컴퓨터를 이용해 시뮬레이션을 돌리든, 1과 2를 기막히게 조합한 고차 방정식을 만들면 '노인 빈곤'과 '청·장년 주택난'을 어느 정도 누그러뜨릴 해법을 찾을 수 있지 않을까?[4]

한국 부동산 문제를 새로운 눈으로 볼 때가 됐다.

문제를 해결할 수 있는 사고방식은 그 문제를 초래한 사고방식과는 다른 종류여야 한다.[5]

---

4 여기서 말하는 '노인 빈곤'은 집이 있는 노인들의 빈곤이다. 집이 없는 노인들의 사정은 훨씬 심각하다.
5 아인슈타인의 말이다.

어떤
부부

한국 노인들이 빈곤하게 살면서도 집을 팔지 않는 가장 큰 이유는 자식을 향한 사랑 때문일 것이다.

"어쨌든 집 한 채는 자식에게 물려줘야지."

A부부는 미국 유학 중이던 1990년대 중반에 만나 결혼해 1녀 2남을 낳았고 현재까지 미국 텍사스 주에 살고 있다. 부부가 젊었을 때 그들의 집을 방문한 지인들은 대부분 이런 질문을 하곤 했다.

"거실에 아이들 사진이 하나도 없네요?"

남편의 대답은 한결같다.

"애들 집이 아니니까요. 우리 부부 집이에요."

아이들 사진은 자기들 방에만 붙어 있었다.

부부는 아이들이 집안일을 해야 용돈을 주었다.[1] 공부도 강요하지 않았다. 공부하기 싫다면 정해진 공부 시간만큼 일을 하도록 했다.

아이들 생일날엔 아이들로부터 선물을 받았다.

"우리가 너희를 낳았으니 보답을 해야지."

어느 해, 10대가 된 큰딸이 아빠에게 호소했다.

"아빠, 이번 한 번만 집에서 생일파티를 열어주세요."

아빠는 뭐라고 답했을까?

---

1 아이들이 '노동'을 통해 사회적 관계를 시작하는 것이 동서東西를 막론하고 수천 년된 관습이었다. 그렇게 '노동 주체'로서 정체성을 쌓아갔다. 요즘 아이들은 (대가 없이 받은 용돈을 사용해) '소비 주체'로 사회화를 시작한다. 소비 주체 상태로 학교에 들어가기에 '공부는 해서 어디에 써먹어요? 공부는 왜 해요?'라는 불평이 나올 수 있다. 공부 역시 돈으로 환산할 수 있다는 생각이 의식 깊은 곳에 자리 잡았다고 볼 수 있다.

어떤
자녀

생일파티를 집에서 하고 싶다는 큰딸에게 아빠는 이렇게 말했다.

"생일파티를 준비해줄게. 하지만 비용은 '수익자'가 부담해야 해."

그것만으로도 아이는 행복해했다. A부부의 자녀들은 어떤 사람으로 성장했을까?

힘든 사춘기를 겪은 아이도, 꽤 오래 일탈한 아이도 있었다. 하지만 아이들은 여러 어려움들을 스스로의 힘으로 극복해냈고, 모두 아이비리그를 졸업했으며,[1] 세 명 다 '참한' 삶을 살고 있다. 한 명은 UN 관련 기구, 다른 한 명은 중앙아메리카 의료 선교사, 또 다른 한 명은 기부 관련 스타트업을 운영하고 있다.

아이들은 부모에 대해 애틋하다. 세 아이 모두 일주일에 한 번 이상 부모와 화상 통화를 한다. 이유는 없다. 부모니까.

크리스마스 휴가 때는 반드시 부모 집에 모여 다 함께 며칠을 보낸다. 뉴욕에 살건, 온두라스에 살건, 캘리포니아에 살건 말이다. 이유는 없다. 부모니까.

세 자녀 모두 부모 재산, 부모 집을 물려받겠다는 생각은 아예 없단다. 물론 부부도 물려줄 생각이 없다. 부부가 죽은 뒤 남을 큰 재산은 저소득층 아이들을 위해 기부하겠다고 이미 서약서까지 작성해두었다. 부부가 결혼할 때 했던 맹세다.

"우리는 오직 신神만을 섬기겠다. 그래서 자식을 사랑하되 섬기지는 않겠다."[2]

---

1 미국 북동부에 있는 여덟 개 명문 사립대학교를 가리킨다. 하버드, 예일, 프린스턴, 컬럼비아, 펜실베이니아, 브라운, 코넬, 다트머스.

2 기독교 성경 〈여호수아〉 24장 15절. "오직 나와 내 집은 여호와를 섬기겠노라."

자식이 부모를
찾아가는 이유

각국 사람들에게 다양한 주제로 설문 조사를 하는 국제사회조사프로그램ISSP[1]이 있다. 50여 개 나라에서 다양한 사람들이 설문에 응하기 때문에 데이터 가치가 대단하다.

이런 질문도 있다.

'얼마나 자주 부모를 찾아가는가?'[2]

학자들이 설문 결과를 다방면으로 분석했지만 딱히 특별한 이유는 없었다. 그냥 부모니까 찾아가서 만났다. 대부분이 그랬다.

단, 한국은 달랐다.

---

1   International Social Survey Program.

2   당연히 독립해서 부모와 따로 사는 경우다.

부모가 집이 있고 재산이 많으면

⇨ 자주 부모를 찾아간다.

부모가 집이 없고 재산이 없으면

⇨ 거의 찾아가지 않는다.

이걸 어떻게 받아들여야 할까?

드디어
죽다

1995년 크리스마스 날, 드디어 죽었다.[1]

시세차익 황제, 원조 갭투자러, 라프레가 죽었다.

라프레'만' 죽었다.

그는 암으로 77년 인생을 마감했다. 30년 동안 연금'만' 지급하다 죽었다.

그날 칼망은 120번째 맞는 크리스마스를 기념하며 푸아그라와 케이크를 맛있게 먹었다.[2]

---

1   라프레가 칼망의 아파트를 산 지 30년 후다. 같은 날 한국에선 한국 슈바이처라 불리며 존경받던 장기려 박사가 사망했다.

2   1995년 10월 18일. 칼망은 '공문서 기록이 존재하는. 세계에서 가장 나이 많은 사람'으로 기네스북에 올랐다. 112세가 되던 1988년부터 세계에서 가장 나이가 많은 사람으로 언론이 주목했다. 1990년까지 115세 이상인 사람은 20명 정도였다.

죽어야 끝나는
거래

끝나도 끝난 게 아니다. 비아제는 매도인이 죽어야 끝나는 거래다. 매도인이 살아 있는 한, 매수인은 대(代)를 이어 연금을 지급해야 한다. 라프레 유족은 죽은 라프레를 이어 칼망에게 연금을 지급해야 했다.

유족들이 연금 지급을 거부하면 어떻게 될까?

매매 계약은 무효가 되고 칼망이 30년간 받은 돈은 토해낼 필요가 없다.

그렇다면 칼망은 언제 사망했을까?

세상에서 가장
오래 산 사람

1. 칼망은 이승만 대통령, 슈바이처 박사와 동갑이다.[1]

2. 1997년 8월 4일 10시 무렵, 칼망은 122년 164일을 살고 사망했다.

3. 칼망은 전구, 전화, 컴퓨터, 인터넷, 휴대전화, 가솔린 자동차, 비행기, 우주선의 등장을 모두 목격한 최초이자 유일한 사람이다.[2]

---

1 이승만(1875~1965), 슈바이처(1875~1965).

2 칼망은 1930년대에 사망했고 딸이 칼망 행세를 하고 있다고 러시아 학자가 주장하기도 했지만 큰 지지를 받지 못했다.

4. 칼망은 남편 권유로 21세 때부터 흡연을 시작했다. 110세 이후 친한 간호사를 따라 독한 담배로 갈아탔다.

5. 담배를 끊긴 했다. 117세가 되어서야 비로소 금연에 성공했다. 눈이 침침해져 담배에 불을 붙이기 어려워지자 어쩔 수 없이 끊었단다.[3] 일찍 금연했더라면, 독한 담배로 바꾸지 않았더라면 더 오래 살지 않았을까?

---

3 칼망은 110세 즈음에 치매 판정을 받았지만 치매가 아니라 희귀한 프랑스 사투리를 사용해서 의사가 오해한 것이라는 기록이 있다.

가질 수 없는
아파트

칼망과 라프레의 사연은 미국에도 전해졌다. 라프레가 죽고 나흘 후인 1995년 12월 29일 〈뉴욕타임스〉 기사다.

'라프레는 결코 가질 수 없는 아파트를 사기 위해 아파트 두 채 가격을 지불했다.'

산사山寺의 스님이 달빛을 탐내어

물과 함께 달까지 물독에 넣어왔네

절에 이르면 그제야 깨닫게 되겠지

물독을 기울이면 달 또한 사라지는 것을[1]

---

1   이규보(1168~1241), 〈정중월井中月〉. 고려 중기 문신으로 《동국이상국집》을 남겼다.

투자의

한
계

30억이
생긴다면?

행복한 상상을 해보자.

여러분은 현금 30억 원을 손에 쥔 예비 건물주다. 살면서 30억을 여윳돈이라 말하게 될 날이 올 줄은 몰랐다. 어쨌든, 어디에 투자할 것인가?

단, 수익용 부동산 투자여야 한다. 선택지는 세 개다.

① 강남 도곡동 타워팰리스, 한 채

② 강북 10억 아파트, 세 채

③ 서울 시내 쪽방, 서른 채

투자 고수의
선택은?

'당연히 타워팰리스지'라고 답한다면 하수下手다.

다음은 서울 시내 각종 건물에서 나오는 한 평당 평균 월세 수익[1]이다.

서울 원룸 평균 - 5만 원

서울 아파트 평균 - 8만 원

서울 도곡동 타워팰리스 - 15만 원

서울 대학가 원룸 - 16만 원

서울 고시원 - 18만 원

서울 쪽방 - 23만 원

---

1   보증금은 연리 5%로 환산해 월세와 합쳤다. 2021년 기준이며 신뢰성 있는 자료가 부족해 대략적으로 계산한 가격이다.

월세 수익을 기준으로, 수십 년째 쪽방의 월세 수익이 가장 높다. 한강뷰 아파트는 물론 타워팰리스도 제쳤다.

꿀 빠는
투자

1. 쪽방이 밀집한 동네[1]는 무척 낙후되어 있어 당연히 재개발 후보 1순위다. 게다가 모두 역세권이다.[2]

2. 쪽방은 대부분 무허가라 건물주가 '주택임대차보호법' 규제를 받지 않는다.

3. 당장 화재가 나도 이상할 것 없는 건물이지만 누전차단기

---

1   서울 돈의동, 동자동, 창신동, 영등포동 등. 초등 필독서 《괭이부리말 아이들》의 무대인 괭이부리말 마을은 인천 쪽방촌이었다. 쪽방 실태에 관해서는 다음 책들을 참고하길 바란다. 제정임·단비뉴스취재팀, 《벼랑에 선 사람들》, 오월의봄, 2012. 이문영, 《노랑의 미로》, 오월의봄, 2020. 이혜미, 《착취도시, 서울》, 글항아리, 2020. 탁장한, 《누가 빈곤의 도시를 만드는가》, 필요한책, 2021.

2   쪽방 주인은 재개발되면 새 아파트를 받아서 좋고, 재개발이 늦어져도 월세는 쉬지 않고 들어오니 이보다 더 좋을 수 없다.

등 안전시설을 구비하지 않은 곳이 많다. 행정기관이 알아서 설치해주기도 한다.[3]

4. 쪽방 세입자 대부분은 건물주에게 아무것도 요구하지 않는다.[4]

이보다 더 좋은 투자처가 있을까?

---

3 단속을 세게 했다가 애꿎은 세입자들이 쫓겨나면 더 큰 문제가 될 수 있기 때문이다.

4 천장에서 물이 새도, 강풍에 낡은 창틀이 무너져도, 오수관이 터져 복도에 오물이 넘쳐도 직접 수리하거나, 행여 수리를 요구했다가 건물주에게 밉보일까 그냥 참고 산다. 쪽방에서 쫓겨나는 게 쪽방 주민들의 가장 큰 공포라고 한다.

빈곤
비즈니스

　　쪽방 주변 부동산 중개인들이 말하는 '쪽방의 적정 임대료'는 5만 원 정도다. 하지만 월세를 네 배 이상 받는다. 이렇게 가난한 사람들의 처지를 이용해 돈을 버는 경제 행위를 '빈곤 비즈니스'라 부른다. 게다가 쪽방 환경은 인간 한계의 시험장이다.

　　낡고 더러운 건물에 딱 한 사람만 누울 수 있는 방(한 평 내외)을 촘촘히 배치해놓았다. 세면대와 화장실은 대부분 공동으로 사용하는데 화장실이 아예 없거나 더러워 인근 공중화장실을 이용하는 경우도 있다.

　　쪽방의 좁고 가파른 계단은 노약자들에게 위험하다. 대체로 천장이 낮고 창문이 없어 환기가 불량하다. 난방 시설이 구비되지 않은 곳이 많으며 취사 시설도 없다. 비가 새서 방에 곰팡이가 가득하고 바퀴벌레, 해충 등 각종 벌레가 득시글거린다. 건물 전체에 퀴퀴한 냄새와 지린내, 악취가 진동한다.[1]

쪽방 투자가 가장 이익이 된다는 걸 알면서도(알게 되더라도) 쪽방에 투자하지 않는 이유다. 다른 사람이 겪는 비참함을 내 배 불리는 기회로 삼는 건 슬프기 때문이다.

정말 그럴까?

---

1 장점도 있다. 계약금을 안 받으니 목돈이 필요 없고, 월세나 일세만 지불하니 언제든 이동이 용이하다. 빈곤층이 모여 있어 관계 당국에서 실태 파악이나 복지 혜택 수여도 쉽다.

돈과
천사

바보들은 아침 태양을 금화 한 닢으로 보겠지만

상상력을 가진 이에겐 천사들이 합창하는 모습이다.[1]

---

1   영국 낭만주의 시대 시인인 윌리엄 블레이크William Blake(1757~1827)의 말이다.

쪽방을 사랑하는
사람들

다음은 쪽방 소유주들이다.[1]

-타워팰리스 주민

-압구정동 현대아파트 주민

-지방 도시 부자들

-강남에 사는 사탐 전국 1타 온라인 강사

-19세 청년. 할아버지 때부터 3대째 쪽방 투자 중

    데모크리토스는 소크라테스와 동시대를 살았던 고대 그리스 철학자다. 중·고등학교 교과서에 '원자론을 체계화한 인물'이라고 나온다. 2500년 전에 그가 한 말이다.

---

1 '쪽방촌 뒤엔··· 큰손 건물주의 빈곤 비즈니스'. 〈한국일보〉, 2019년 5월 7일.

다른 사람의 불행을 비웃지 않는 것,

함께 슬퍼하는 것,

그게 사람이다.[2]

---

2 인간은 경제적 존재이고, 자신에게 돌아오는 이익(효용)을 극대화하기 위해 합리적 판단
을 한다고 믿는 게 주류 경제학(신고전파 경제학)의 전제다. 하지만 자신에게 돌아올 이익
을 극대화하는 게 지상 목표인 사람들 눈엔 그 행위가 초래할 폐해들이 보이지 않는다.
그래서 이제 경제학은 숫자나 도표에만 집착하던 관성을 버리고 인간을 봐야 한다. 인문
학이 필요한 이유다.

인간의
조건

다른 사람 처지를 생각할 줄 모르는 '생각-무능'은

'말하기-무능'을 낳고, '행동-무능'을 낳는다.[1]

---

1 한나 아렌트Hannah Arendt(1906~1975)의 말이다. 독일 출신 여성 철학자이며, 대표 저서로 《인간의 조건》과 《예루살렘의 아이히만》이 있다.

《인간의 조건》, 이진우 역, 한길사, 2019. 인간은 노동(생존), 작업(재미, 명예), 행위(공동체)를 한다. 현대 사회는 인간이 노동에만 몰두하게 하고 작업과 행위에서 멀어지게 한다. 이웃과 공동체를 돌아보지 않는 것은 동물적 삶이다.

《예루살렘의 아이히만》, 김선욱 역, 한길사, 2006. 제2차 세계대전 당시 유대인 학살을 지휘했던 나치 군인 아돌프 아이히만 재판 과정을 취재해 쓴 보고서다. '악의 평범성 banality of evil'이라는 유명한 개념을 만들었는데 엄청난 논란을 일으켰다.

악마의 위대한 속임수

악마가 행한 가장 위대한 속임수는

자신이 존재하지 않는다고

세상이 믿게 한 것이다.[1]

---

1   영화 〈유주얼 서스펙트〉에서 주인공 카이저 소제의 명대사다. 원본은 프랑스 시인 보들
레르가 지었다.

작은
연못

깊은 산 오솔길 옆 자그마한 연못엔

지금은 더러운 물만 고이고 아무것도 살지 않지만

먼 옛날 이 연못엔 예쁜 붕어 두 마리

살고 있었다고 전해지지요 깊은 산 작은 연못

어느 맑은 여름날 연못 속에 붕어 두 마리

서로 싸워 한 마리는 물 위에 떠오르고

여린 살이 썩어 들어가 물도 따라 썩어 들어가

연못 속에선 아무것도 살 수 없게 되었죠[1]

---

1 '사회는 유기체라서 가난한 자들이 고통받으면 부자들의 삶도 결국엔 힘들어진다'고 믿
   고 싶다.

깊은 산 오솔길 옆 자그마한 연못엔

지금은 더러운 물만 고이고 아무것도 살지 않죠[2]

2 　서울대 미대를 다니던 22세 김민기가 1972년 발표한 〈작은 연못〉이다. 21세였던 양희
　　은이 불렀다. 1970년대엔 금지곡이었으나 1990년대 이후 제한이 풀렸고 초등학교 교과
　　서에도 실렸다.

내 이웃은

누구인가

빈털터리 수행자를 가난하다 말하지만

알고 보면 몸만 가난할 뿐 마음은 부자다

없이 살며 남루襤褸[1]를 걸치고 있어도

도道를 깨달아 마음속엔 보물이 있네

당나라 때 고승 영가현각[2]이 지은 〈증도가僊道歌〉의 일부다. 기독교, 불교, 이슬람교 등의 창시자들이 제자들에게 원하는 모습이다. 종교는 세속적 권위[3]를 버림으로써 사람들로부터 도덕적 권위를 자발적으로 획득한다. 이게 바로 '고등 종교'다.

---

1 낡아서 해진 옷이나 누더기.

2 647~713.

3 큰 건물, 많은 돈, 정치력, 사회적 발언권 등.

황하강 동쪽에 가난한 선비 한 분 사는데

하루 두 끼 먹기 힘들고 옷은 남루하지만

언제나 웃는 얼굴로 거문고를 연주한다네

멋지다. 〈귀거래사歸去來辭〉로 유명한 중국 남북조 시대 시인 도연명(365~427)이 지은 시를 살짝 줄였다. 음식과 옷을 탐내지 않고, 자연과 벗하며, 세상으로 향하는 간사한 마음을 거문고 연주로 다잡는 삶. 선비란 원래 이런 사람들이었다.

웃기는
소리

1000년이 훨씬 지난 후, 한반도에서 태어난 한 천재 시인은 가난을 두고 '남루[1]'에 불과하다고 표현했다. 정말 그럴까?

웃기는 소리!

수행자나 선비와 달리 생활인의 가난은 그렇게 단순하지도, 순간적이지도, 낭만스럽지도 않다. 요즘 가난은 실수할 기회를 거의 허락하지 않는다는 점에서 악질이다.

---

1 서정주(1915~2000), 〈무등을 보며〉.

더 나은 실패란
없다

"아파야 청춘이다."

아프면 환자다. 젊은이도 안 아프고 싶다.

"실패해도 괜찮아."

건물주 부모 정도는 되어야 자식에게 할 수 있는 말이다.

"다시 시도해라. 다시 실패하고, 더 나은 실패를 하라."[1]

가난은 실패할 여지를 주지 않는다.

---

1 《고도를 기다리며》를 쓴 사뮈엘 베케트Samuel Beckett가 한 말이다.

세습자본주의일까?
질투일까?

사회 안전망이 부실한 사회에선 단 한 번의 불운[1]이 가난으로 연결되기 십상이다. 그리고 그게 내가 될 수도 있으니 공포다. 물론 가난이라는 덫에서 빠져나올 수 있는 사다리는 분명히 있다. 하지만 그 사다리는 가난한 사람이 찾기 쉽지 않다. 찾더라도 사다리를 오르기 어렵고, 사다리 발판 간격은 점점 더 벌어지고 있다.[2]

이처럼 부富가 세습되듯 가난도 세습되는 걸 '세습자본주의'라 규정한다.[3]

---

1 질병, 사고, 장애, 사업 실패, 취업 실패 등.

2 《정의란 무엇인가》로 우리에게 잘 알려진 하버드 대학 마이클 샌델Michael Sandel 교수는 한국 드라마 〈SKY캐슬〉을 재밌게 봤다고 한다. 금수저 아이들도 서울대 의대 등 명문대에 가려고 발버둥 치는 것이 능력주의라는 이념에 문제가 있다는 방증傍證이라고 말했다.

반대 시각도 있다.

"세습자본주의는 거짓이다. 국가는 가난한 사람들을 잘 돕고 있다. 가난이 아니라 부자에 대한 질투심이 문제다."[4]

"노력 부족, 의지박약이다. 가난은 자업자득이다."

뭐가 맞을까?

---

3 사다리에 오르려는 마음이 없는 것처럼 보이기도 한다. 여기에 대해서는 상반되는 주장들이 존재한다.

4 복거일, '다시 봄은 오고 삶은 이어진다', 〈중앙일보〉, 2014년 12월 20일.

가난과
책임

내 가난을 이해할 수 없을 때

타인의 부유함 역시 이해되지 않는다.

이해되지 않는 부러움은 질투나 증오로 연결된다.

가난한 사람은

자신의 가난에 얼마만큼 책임을 지는 것이 합당한가?

신쪽방의
탄생

계속되는 재개발로 쪽방은 곧 사라질 전망이다. 과연 그럴까? 쪽방은 사라지지 않는다. 이름이 바뀔 뿐.

고시원[1], 대학가 쪼개기 원룸[2], 심야 만화방, 컨테이너, 비닐하우스….

통계청은 저 열악한 환경에서 수십만 명이 살고 있는 것으로

---

1   쪽방, 고시원, 심야 만화방, 컨테이너, 비닐하우스 등에서 생활하는 사람은 국제인권법 기준으로 노숙인이다. '고시원에 있는 사람도 노숙자로 봐야', 〈BBC뉴스코리아〉, 2018년 5월 23일.

2   합판으로 가벽을 만들어 방 하나를 두세 개로 쪼갠다. 그래서 방음은 거의 안 된다. 변기 바로 앞에 싱크대가 있는 경우도 허다하다. 물론 불법이다. 이를 '대학가 신쪽방'이라 부른다. 공간을 쪼개면 쪼갤수록 평단가坪單價, 한 평의 가치가 높아진다.

추정하고 있다.[3] 빈센트 반 고흐는 '가난과 불우한 환경은 사람을 죄수로 만든다'고 했다.

저들은 과연 내 이웃인가?

---

3 법이 정한 '최저주거기준(이 조건을 충족하지 못하면 비주택)'은 이렇다. 상수도(혹은 수질이 양호한 지하수)와 하수도 시설이 완비된 전용 입식 부엌과 전용 수세식 화장실(목욕 시설 포함)을 갖추어야 한다. 적절한 방음, 환기, 채광 및 난방 설비를 갖추어야 한다. 1인 가구는 14제곱미터(약 4.24평), 2인 가구는 26제곱미터(7.8평)를 넘어야 한다. 이 기준에 미달하는 가구는 2019년 기준으로 전국 5.3%, 수도권 6.7%다. 자료 출처는 법제처 국가법령정보센터.
〈BBC뉴스코리아〉 2018년 5월 23일 보도에 따르면 서울에서 혼자 사는 20~34세 청년 10명 중 4명은 최저주거기준에 미달인 곳에서 살고 있다고 한다.

누가
제 이웃입니까?

032

신자들에게 유대교 율법과 교리를 가르치는, 유대교에 관해서는 모르는 것이 없는 율법교사가 예수님을 떠보려고 이렇게 물었다.

"어떻게 해야 영생永生[1]을 얻을 수 있을까요?"

"유대교 율법에는 뭐라고 되어 있느냐?"

"네 이웃을 네 몸과 같이 사랑하라고 합니다."[2]

"옳게 말했다. 그렇게 하여라. 그러면 네가 살 것이다."

"그런데 예수님, 제 이웃은 누구일까~요? 알기 쉽게 아파트를 기준으로 보기를 드릴게요."

---

1   영원한 삶, 천국.

① 옆집

② 옆집, 윗집, 아랫집

③ 한 라인 전체

④ 한 동 전체

⑤ 아파트 단지 전체

---

2   가톨릭 성경 〈루카 복음서〉 10장. 원문은 이렇다. "네 마음을 다하고 네 목숨을 다하고
   네 힘을 다하고 네 정신을 다하여 주 너의 하느님을 사랑하고, 네 이웃을 너 자신처럼 사
   랑해야 한다." 하느님을 사랑하는 행위는 이웃 사랑으로 표현되기 때문에 결국 이 문장
   은 '이웃 사랑'으로 통합된다고 볼 수 있다.
   3장에는 세례 요한의 이야기가 나온다. 군중이 요한에게 묻는다. "그러면 우리는 어떻
   게 해야 하겠습니까?" 요한은 "속옷 두 벌을 가진 사람은 한 벌 없는 사람에게 주고,
   먹을 것이 있는 사람도 이와 같이 남과 나누어 먹어야 한다"라고 대답했다. 이처럼 기독
   교는 일관되게 이웃에 대한 인식을 바꾸라고 말한다. 이웃은 탈취 대상이 아니라 나눔을
   실천할 대상이라고.

선한 사마리아인의 선택

033

율법교사의 물음에 예수님이 답했다.

"네가 낸 보기에는 답이 없구나. 내 말을 들어보렴."

예루살렘에서 여리고로 가던 A를 강도들이 습격했다. 다행히 A는 죽지 않았지만 혼수상태다.

마침 말을 타고 오던 유대교 성직자 B가 A를 발견했다. 발견만 했다. 눈길 한 번 주지 않고 가던 길을 갔다.

독실한 유대교 신자 C 역시 A를 보았으나 약속 시간에 늦었다며 서둘러 제 길을 갔다.[1]

뒤를 이어 사마리아 사람인 D가 A를 발견했다. 당시 유대인들은 이민족 피가 섞였다는 이유로 사마리아 사람들을 혐오했다. 그래서 D는 고민했다.

'이 사람이 유대인이면 어떡하지? 내가 도와준 걸 알면 더러운 사마리아인 손이 자기 몸에 닿았다고 나를 죽일지도 몰라…'

D는 어떤 선택을 했을까?

---

1   원문에서 B는 사제, C는 레위인이다. 당시 이스라엘은 사회 전체가 성전聖殿을 중심으로 돌아가던 종교 공동체였다. 그래서 사제는 상류층, 제사장을 보조하던 레위인은 중상류층 계급이었다. B와 C는 사회 주류이자 이른바 사회지도층 인사들이었다.

진정한 이웃은
누구일까?

034

사마리아인 D는 A가 불쌍했다. 그래서 응급조치를 한 뒤 노새에 태워 근처 여관으로 이동해 밤새 간호했다.

날이 밝자 여관 주인에게 자신의 이틀치 일당을 주며 A를 보살펴달라고 부탁했다. 추가 비용이 발생하면 돌아오는 길에 지급하겠다고 약속한 뒤 늦어진 일정을 채우려 급히 길을 떠났다.

예수님은 여기까지 말씀하신 후 율법교사에게 물었다.

"네 생각엔 누가 강도를 만난 사람의 이웃이냐?"

율법교사는 유대인 입으로는 하기 힘든 말, 했다가는 동족 유대인들에게 따돌림을 당할 수도 있는 말, 가진 것을 모두 잃을 수도 있는 말을 어쩔 수 없이 해야 했다.

"자비를 베푼 사마리아인이 강도를 만난 유대인의 이웃입니다."

그의 대답에 미소 지으시는 예수님, 딱 한마디 하신다.

"가서 너도 그렇게 살아라."[1]

---

1 원문인 고대 그리스어는 이렇다. πορεύου καὶ σὺ ποίει ὁμοίως. 문맥을 고려해 자세히 풀이하면, "네가 정답을 말했구나. 못 사는 나라에서 돈 벌러 왔다고 무시하지 말거라. 여성과 아이라고 함부로 대하지 말거라. 소수자라고 혐오하지 말거라. 빈민이라고 눈살을 찌푸리지 말거라. 이들 모두에게 사랑을 베풀거라. 그러면 천국이 너의 것이다."
다음은 오스트리아 출신 유대인 철학자 마르틴 부버Martin Buber(1878~1965)의 말이다. "선한 행위를 하는 것은 세상을 신으로 채우는 것이다. 진리 안에서 신을 섬기는 것은 신을 삶으로 끌어들이는 것이다. 유대교 과제는 개념이나 모양에 멈추는 진리가 아니라 행위가 동반되는 진리를 추구하는 것이다. 그를 통해 참된 공동체가 만들어진다." 부버가 쓴 《나와 너》는 중·고등학생도 어렵지 않게 읽을 수 있는 명작이다.

불교인의
이웃

　식성이 다르고 습성도 제각각인 세 동물 토끼, 원숭이, 여우가 사이좋게 한집에 살았다. 토끼가 리더십을 발휘한 덕분이었다. 게다가 토끼는 매월 말 원숭이와 여우에게 불교 진리를 강의하는 지식인이기도 했다.

　어느 해 12월 31일, 토끼는 그 해를 마무리하는 강의 주제로 '이웃 사랑'을 택했다.

　"조만간 탁발[1]하는 스님이 우리집을 방문하실 것 같아. 영혼까지 끌어모아 섬기자."

　원숭이는 과일을 모았고, 여우는 물고기를 잡았다. 하지만

1　승려가 음식을 구걸하는 일. 불교 수행법 중 하나다.

토끼는 혼란에 빠졌다. 평생 풀만 먹고 살았기에 특별한 식재료를 구할 능력도, 안목도 없었기 때문이다.

제석천[2]이 스님으로 분장해 동물들의 집을 방문했다. 원숭이와 여우는 자신들이 모은 식재료를 사용해 정성스레 스님을 공양했다. 토끼는 어떻게 했을까?

토끼는 참나무 장작 여러 개를 모아 불을 붙인 뒤, 한마디 말을 남기고 불 속으로 뛰어들었다.

"스님, 고기 좀 맛보세요."

사신공양捨身供養[3]에 감동한 제석천은 불 속에서 타들어가던 토끼를 염력으로 끄집어냈고, 양 눈에서 광선을 발사해 털 한 오라기까지 깨끗이 재생해줬다. 그러고는 달나라로 보내 영생을 누리도록 했다.[4]

이후 토끼는 불교에서 보시[5], 즉 이웃 사랑 아이콘이 된다.

---

2 불교 진리와 승려들을 지키는 수호신.

3 깨달음을 얻기 위해 신체 일부 또는 온몸을 부처나 보살에게 바치는 것.

4 붓다 전생 이야기를 담은 《본생경》에 나오는 이야기를 참고했다. 달나라 토끼에 대한 최초 기록은 중국 초나라 시인 굴원(B.C. 340~B.C. 278)이 쓴 시 〈천문〉이다. 즉, 중국에 불교가 전래되기 몇백 년 전이다.

5 중생 구제를 목표로 남에게 자신이 가진 것을 베푸는 행위. 하지만 시간이 지나면서 윤회 질을 높이기 위한 도구로 전락한다.

그래서 쪽방 주민은
내 이웃인가?

쪽방 주민들이 걱정된다.

하지만 그들이 내 옆에 있는 것은 불편하다.

쪽방 주민들을 위해 내 것 일부를 나눌 수 있다.

하지만 그들이 내 옆에 있는 것은 불편하다.[1]

부끄럽지만 딱 이 정도가 우리 분량이다. 윤동주 시인의 친구도 비슷한 말을 했다.

지하철에서 만난 사람은 원수요,

기차에서 만난 사람은 친구다.[2]

---

1 "내 삶을 파괴하지 않을 정도로만 남을 걱정하는 게 연민이고, 내 삶을 던져 타인의 고통과 함께하는 것은 공감이다." 수전 손택Susan Sontag(1933~2004).

2 원문에는 지하철이 '전차', 친구가 '지기知己'다.

하루에 딱 한 점만
부끄럽기를

　　고통받는 옆 사람 얼굴을 똑바로 바라볼 때, 인간은 비로소 윤리적 존재로 거듭난다고 한다. 하지만 가난한 아이가 양말 없이 걷는 것을 보고 자신도 양말을 신지 않았던 시몬 베유Simone Weil[1]를 따라잡기에는 많이 벅차다. 윤동주가 쓴 〈서시〉를 한 줄만 고치면 우리가 도달할 수도 있는 경지다.

　　죽는 날까지 하늘을 우러러

　　~~한 점 부끄럼이 없기를~~ 하루에 딱 한 점만 부끄럽기를.

　　잎새에 이는 바람에도

　　나는 괴로워했다.

별을 노래하는 마음으로

모든 죽어가는 것을 사랑해야지

그리고 나한테 주어진 길을

걸어가야겠다.

오늘 밤에도 별이 바람에 스치운다.

공무원의

___

삶

현대판
탐관오리

038

다음은 쪽방 소유주 명단에 이름을 올린 엘리트 공무원 A의 스펙이다.

- 서울대학교 경제학과 졸업
- 행정고시 합격
- 지식경제부 차관

지식경제부 장관 후보자로 지명된 A는 부인이 쪽방에 투자했다는 사실이 드러나면서 여론이 폭발했고 결국 낙마한다. 부인이 쪽방을 산 이유는 '노후 대비'였단다.

약 1000년 전에 송나라 2대 황제 태종[1]이 모든 관청에 내린 비석 글귀다.

너의 월급, 보너스, 연금은

백성의 기름이고 백성의 살이다.

백성들은 괴롭히기가 쉽지만

하늘은 속이기가 쉽지 않다.

爾俸爾祿(이봉이녹)

民脂民膏(민지민고)

下民易虐(하민역학)

上天難欺(상천난기)

　국가가 보장하는 '안정된 공무원의 삶'은 백성의 희생을 기반으로 하는 것이니 두려움과 떨림으로 공직에 충실히 임하라는 뜻이다.

1　939~997.

도둑놈은
또 온다

백성들의 고혈_{膏血}[1]을 알뜰하게도 빨아먹던 사또가 드디어 다른 고장으로 발령이 났다. 고생 끝, 행복 시작이라 믿었던 백성들이 마을 입구에 플랜카드를 내걸었다.

'드디어 도둑놈이 가는구나.'

마을을 떠나던 사또는 썩소를 지으며 플랜카드에 글귀를 추가한다.

'다른 도둑놈이 올 것이다. 또 올 것이다.
계속해서 올 것이다. 끊임없이 올 것이다.'

1　기름과 피, 즉 몹시 고생하여 얻은 돈이나 재산을 의미한다.

정도전은
이렇게 말했다

탐관오리 창궐은 중국도 비슷했다. 다음은 당나라 때 지방 관리를 지냈던 유종원[2]이 지은 시다.

> 세금 걷는 관리는 한밤중에도 쳐들어오니
>
> 밥 짓고 닭 삶아 술판을 준비해야 한다
>
> 관리들은 피눈물 없이 세금을 독촉하고
>
> 관청은 사정을 봐주지 않고 엄하게 매질한다
>
> 올해는 새로운 관리가 온다고 하던데
>
> 예전 관리와 똑같을까 두렵다

---

2   773~819. 당나라와 송나라를 합쳐 산문 작가 순위를 매기면 랭킹 10위 안에 드는 인물. 간담상조肝膽相照, 즉 '간과 쓸개를 서로에게 보일 정도로 친한 친구'라는 사자성어의 주인공이다.

조선 건국의 주역이자 새 국가 조선의 설계자[1], 재상 중심 입헌군주제를 주장한 선구자[2], 명나라 태조 주원장이 위험인물로 여겨 제거하려고 한 인물, 바로 정도전이다.

백성들 음식을 먹는 자는 백성들을 책임져야 하고
백성들 옷을 입는 자는 백성들의 근심을 품어야 한다

---

1   경복궁은 정도전이 태조 이성계가 참석한 술자리에서 《시경詩經》을 인용해 즉석으로 지은 이름이다. 강녕전(임금 침실), 근정전(임금이 신하들과 업무를 보던 곳) 등 궁내 전각들도 마찬가지. 새 수도 한양을 도시계획가 수준으로 설계한 이가 정도전이라 볼 수 있다.
2   똑똑한 왕은 태평성대를 만들 수 있지만 멍청한 왕은 나라를 망하게 할 수도 있다.

바보 이반은
정말 바보였을까?

악마가 영리한 사람들은 손이 아니라 머리로 일한다며 바보 이반을 유혹하자, 바보 이반이 답한다.

"우리는 손과 등으로 일합니다."

다음은 이반 왕국의 계명이다.

'손에 굳은살이 박인 사람은 식탁에 앉을 수 있지만 그렇지 않은 사람은 먹다 남은 찌꺼기를 먹어야 한다.'[1]

바보 이반은 정말 바보였을까?

---

1   톨스토이가 쓴 《바보 이반》에 나오는 내용 중 일부다.

이런 공직자를
보고 싶다

공직자 생활 즐겁겠다 말하지 마시오.
매일매일이 걱정뿐이라오.

사무실은 민원인들로 발 디딜 틈 없고
처리할 문서는 천장이 낮다 하고 쌓여 있소.
가난한 주민들에게 매겨진 세금 고지서
차마 발송하지 못하고 마음만 아파하오.
앙다문 입술에 미소 필 날 없는데
아무리 휴가라도 훌훌 떠나기 죄스럽소.

공직자 생활 철밥통이라 말하지 마시오.
매일매일이 걱정뿐이라오.

땡처리 옷도 마음대로 살 형편이 안 되고
월급은 그저 통장을 스치고 사라지는 숫자일 뿐이오.
독수공방 성난 마누라 주름살 늘어가고
배고픈 자식들 울음소리 그치지 않소.
3년 뒤에도 공직자 생활을 때려치울 수 없다면
몇 개 안 남은 머리카락마저 죄다 빠지겠소.

800년 전, 이규보가 쓴 시를 요즘 언어로 옮겼다.

공무원
자격

043

서양 철학에서 플라톤이 차지하는 무게감은 어마어마하다.

서양 철학은 플라톤 각주에 불과하다.[1]

철학은 플라톤이고, 플라톤은 철학이다.[2]

좀 과해 보이지만 딱히 반박하기도 쉽지 않다. '서양 학문과 서양 사상을 세운 기초, 그래서 인류 지성사 주요 주주 중 한 명' 정도로 정리하면 좋다. 그 대단한 플라톤이 꿈꾼 사회는 '인간 불

---

1 "The safest general characterization of the European philosophical tradition is that it consists of a series of footnotes to Plato." Alfred North Whitehead, 《Process and Reality》, The Free Press, 1985, 39p.

2 랠프 월도 에머슨Ralph Waldo Emerson(1803~1882). 시인이자 목사, 사상가. 하버드 대학교를 졸업했다.

평등이 전제된 계급사회'다.

- 수호자1: 철인哲人 통치자.[3] 정책을 결정하고 국가를 통치함
- 수호자2: 보조자. 철인 통치자를 보조하고 정책을 집행함
- 생산자: 일반 시민

수호자, 즉 정치인과 고위 관료는 이렇게 살아야 한다.[4]

① 돈을 가지면 안 된다.[5]

② 부동산을 가지면 안 된다.[6]

③ 그럼 정치인과 고위 관료는 어떻게 먹고 사는가? 일단 음
   식과 생필품은 죽지 않을 만큼만 국가에서 지급한다. 집

---

3 플라톤은 철학자가 통치자가 되거나 현재 통치자가 철학을 공부하는 것이 이상 사회
   라고 생각했다. 옥스퍼드 대학교에서 교수를 지낸 사르베팔리 라다크리슈난Sarvepalli
   Radhakrishnan(1888~1975)이 인도 제3대 대통령(1962~1967)이 되면서 전문 철학자가 대통
   령이 되는 최초 기록을 세웠다. 전문 철학자까지는 아니지만 김영삼 대통령은 서울대 철
   학과 출신이고, 조선 왕들도 기본적으로 철학에 조예가 깊은 분들이었다.

4 혹시나 플라톤을 깊게 파고들 분을 위해 설명한다. 철인 통치자는 협의의 수호자다. 보
   조자까지 합치면 광의의 수호자.

5 만지는 건 물론 근처에 가서도 안 된다. 신이 주신 '신성한 돈'이 그들 영혼에 풀세트로
   장착되어 있으니까. 시중에 돌아다니는 돈은 악을 유발하는 '악한 돈'이다. '신성한 돈'
   을 '악한 돈'과 섞는 것은 신성모독이다.

6 이들이 부동산을 가지기 시작하면 일반 시민들과 경쟁하게 되고 서로가 적이 된다. 결과
   는 국가 파멸.

도 제공하되, 그 집엔 어떤 사람이라도 마음대로 들어갈 수 있다.[7]

④ 이 대목이 대박이다. 부모 찬스를 못 쓰게 자식도 공동으로 키운다.[8]

이런 걸 왜 해?

맞다. 안 하면 된다. 이런 '악조건'도 감수할 수 있는 사람이 정치인이 되고, 관료가 되고, 공무원이 되고, 국회의원이 되는 세상이라면?

신난다.

---

7   플라톤, 《국가》, 416c–417b. 필자가 요즘에 맞게 의역했다.

8   칼 포퍼Karl Popper는 이런 플라톤 사상을 전체주의라 비난했지만 이상주의라고 보는 학자도 많다. 디테일을 다듬고 제대로만 작동한다면 완벽한 체제라고 평가하는 학자들도 있다. 부정부패 공무원은 '관직을 팔았다는' 수치심을 느껴야 한다. 하지만 느끼지 않는다. 왜 그럴까? 부정부패 목적이 '가족 부양'이기 때문이다. 이들은 국가를 우선시하지 않는다. 오직 가족만 본다. 그래서 부정부패가 끊이지 않고 반복된다.

이몽룡이
쓴 시

전라남도 남원의 최고 권력자 변학도가 생일을 맞아 초호화 파티를 개최한다. 춘향의 남친 이몽룡, 암행어사지만[1] 거지로 변장한 그가 탐관오리 변학도를 향해 이런 시詩를 날린다.

비싸고 맛있는 술은 천 명의 피

옥쟁반 좋은 안주는 만 명의 살

촛불 눈물(즉, 촛농) 떨어질 때 백성 눈물도 떨어지고

노랫소리 커지면 원망 또한 커진다

---

1 이몽룡은 장원급제했다. 하지만 장원급제자라 해도 바로 암행어사가 된 사례는 거의 없다. 암행어사가 연고지에 파견될 가능성도 거의 없다. 물론 소설에 팩트 체크를 들이대는 건 문학을 모독하는 행위다.

金樽美酒千人血(금준미주천인혈)

玉盤佳肴万姓膏(옥반가효만성고)

燭淚落時民淚落(촉루낙시민루락)

歌聲高處怨聲高(가성고처원성고)

　어려운 과거 시험을 상경 1년 만에, 그것도 수석으로 패스한 천재답게 잘 지은 시지만 표절이다. 원본은 한양을 방문한 명나라 장수가 광해군 악정惡政을 비꼬며 지은 시[2]다.

2　淸香旨酒千人血(청향지주천인혈)
　　細切珍羞萬姓膏(세절진수만성고)
　　燭淚落時人淚落(촉루낙시인루락)
　　歌聲高處怨聲高(가성고처원성고)

아빠 찬스,
아빠 페널티

"연산군이 전염병으로 죽었습니다. 죽을 때 다른 말은 없었으나 폐비 신씨를 보고 싶다 하였습니다."[1]

연산군 사망을 상부에 보고한 이는 구세장[2]이다. 이후 공무원 임기 대부분을 함경도에서 보낸 구세장은 실록에 여러 번 이름을 올리는데 죄다 나쁜 짓 때문이었다.

- 술 먹고 난동[3]

- 세금 도둑질

---

1 《중종실록》, 중종 1년(1506년 11월 8일).

2 군관.

3 실록 기록은 중종 18년 2월 25일이지만 사건은 그 전에 발생했다.

- 접경 지역 주민의 불법 이주를 도움

세금 도둑질은 정평부사로 있을 때 저지른 일인데 백성들이 납부한 벼 30석, 콩 70석을 장부에만 기록한 후 떼먹었다. 이 사실이 발각되어 곤장 100대와 유배 3,000리를 세트로 획득했다.[4] 탐관오리 목록인 장오안에 이름을 올리는 수치도 당했다.[5]

조선 정부가 가장 엄하게 다루었던 세 가지 범죄가 있다.

- 반역죄
- 강상죄綱常罪: 패륜
- 장오죄贓汚罪: 공무원 범죄

반역죄야 동서고금을 불문하고 심각한 죄다. 패륜 행위와 공무원 범죄를 엇비슷하게 두었다는 점이 재밌다. 게다가 장오죄를 저질러 장오안에 기록되면 연좌제가 적용된다. 자손들의 공직 생활에 치명타를 끼치는 것은 물론, 아예 공무원 시험을 볼 기회도 제한된다. 말하자면 아빠 페널티인 셈이다. 아빠 찬스가 있으니 아빠 페널티도 있어야 한다는 것, 조선에선 상식이었다.

---

4 《중종실록》, 중종 18년(1523년 11월 11일).

5 《중종실록》, 중종 19년(1524년 7월 8일).

046

내돈
내산

구세장은 횡령한 공금으로 안장 세 개를 구입하는 것을 끝으로 실록에서 사라진다. 빠진 디테일은 어숙권이 쓴 《패관잡기稗官雜記》[1]가 보충해준다.

함흥 번화가를 시찰하다 럭셔리 매장에 전시된 '람보르기니 말안장'에 꽂힌 정평부사 구세장. 업무용, 레저용, 뇌물용으로 사용하기 위해 세 개를 구입하려는 순간, 턱없는 상실감과 자괴감이 밀려온다.

'겨우 내돈내산하려고 아등바등 이 자리까지 올라왔단 말인가?'

---

1   조선 중기, 시중에 떠돌던 이야기를 모아 기록한 책.

말없이 매장을 나와 사무실로 복귀한 구세장은 부하를 시켜 매장 주인을 사무실로 호출한다.

"말안장에 원산지 표시가 없던데 밀수품 아니오?"
"매장 청소 상태가 엉망이던데."
"다른 제품은 오래 앉으면 허리가 아파."

말안장을 공짜로 얻기 위한 구세장의 회유와 협박이 멈출 기미가 없자 매장 주인은 가만히 휴대전화를 꺼내 전화번호를 검색한다.

"함경도 관찰사 전화번호가 어디 있더라?"

함경도 최고 권력자인 직속상관을 언급하는 매장 주인의 행동에 화들짝 놀란 구세장은 그제야 값을 치르고 말안장을 받아든다. 하지만 자존심이 있지, 내돈내산은 용납할 수 없었다. 그래서 백성들이 낸 세금으로 값을 치렀다. 사실 매장 주인은 관찰사와 일면식도 없었다. 제 발 저린 구세장이 지레 겁먹었다.

탐관오리 협박을 기지機智로 이겨낸 매장 주인은 스스로를 대견해하며 여러 단톡방에 무용담을 올렸다. 발이 없어도 천 리쯤은 가뿐히 날아가는 소문은 신선한 에피소드를 갈망하던 서울

광대들 고막에도 정확히 꽂혔다.

조선 시대에도 연예인, 즉 배우(광대)가 있었다. 배우들은 서울 사대문 안에 거주하는 관노 혹은 사노[2] 신분이었는데 왕과 신하들이 모인 사모임에 참석해 공연(광대놀음)을 펼쳤다. 이를 '배우희俳優戱'라 불렀다.

당시 배우들은 배우희를 통해 현실을 꼬집는 풍자를 선보이곤 했다. 양반은 물론이고 은근히 왕을 조롱하기도 했다. 그래도 권력자들은 그냥 넘어갔다. 살아있는 여론을 들을 수 있고 정치를 반성할 수 있는 계기가 되니까. 그냥 놀이니까.

2   관노官奴는 관아 소유, 즉 국가 소유 노비다. 개인 소유 노비는 사노私奴.

정평부사 말안장
사는 놀이

어느 해 설날, 중종 면전에서 배우희가 열렸다. 이날 배우들은 얼마전 전해 들은 '정평부사 구세장의 내돈내산 이야기'를 각색해 공연했다.

쎄한 느낌을 받은 중종이 사건 전말을 조사하게 했고, 결국 구세장 비리를 정확히 밝혀낼 수 있었다. 이 공연 이름이 '정평부사 말안장 사는 놀이'다. 이 이야기가 실려있던 《패관잡기》라는 책 제목에서 알 수 있듯 진위가 분명하지 않은 이야기다. 소문에 소문을 더한 것이라 진실과는 많이 다를 수 있다. 그러나 사람들은 소문이 진실인지를 깐깐히 따지지 않는다. 그냥 믿어버린다. 믿고 싶기 때문에. 그래서 소문을 들여다보면 당시 사회를 어느 정도 엿볼 수 있다.

"다른 탐관오리가 올 것이다. 끊임없이 올 것이다."

여기서 끝나면 세상은 우울하다. 그래서 어숙권이 뼈를 때리며 작품을 끝낸다.

"배우같이 하찮은 자도 능히 권력자를 비판할 수 있다."

연예인
공결

'정평부사 말안장 사는 놀이'보다 30년쯤 전, 연산군이 자리한 가운데 창경궁 편전 마당에서 배우희가 벌어졌다.

배우 공결孔潔이 말한다.

논에 핀 잡초를 뽑는 중 한낮이 되니

벼 포기 아래로 땀방울이 떨어지는구나

그 누가 알아주랴 밥상 위 쌀밥들

한 알, 두 알 모두가 농부 고통인 것을[1]

연산군이 눈을 동그랗게 뜨고 지켜보는데 공결이 힙합처럼

---

1 당나라 사람 이신李紳이 농부들 고달픔을 읊은 시다. 《연산군일기》, 연산군 5년(1499년 12월 30일).

손가락질하며 대사를 날린다.

> 군주가 도를 잃어 국가가 개판이면
>
> 하늘이 재해로서 왕에게 경고한다
>
> 그런데도 군주가 반성할 줄 모르면
>
> 하늘은 이변으로 왕에게 경고한다
>
> 그래도 군주가 여전히 그대로면
>
> 결국 군주는 죽거나 쫓겨난다[2]

이 정도 풍자는 허용하는 게 관례였다. 하지만 아량이 강낭콩보다 작았던 연산군은 공결에게 곤장 60대를 내리고 연예계에서 강제 은퇴시킨 후 역졸驛卒로 보내버린다.

대신들이 말한다.

"공결은 그냥 놀았을 뿐입니다. 예절로 판단할 일이 아닙니다."[3]

---

2   실록에 이 부분은 정확한 내용이 없다. 필자가 임의로 《한서》〈중서편〉 내용을 넣었다.

3   《연산군일기》, 연산군 5년(1499년 12월 30일).

연예인
공길

6년 후인 1505년(연산군 11년) 겨울, 이번에는 경복궁 후원에서 광대놀음이 벌어진다. 배우 공길孔吉은 늙은 선비로 분장해 다음 대사를 읊는다.

> 임금은 임금다워야 하고 신하는 신하다워야 한다
> 아비는 아비다워야 하고 아들은 아들다워야 한다
> 임금이 임금답지 않고 신하가 신하답지 않으면
> 아무리 곡식이 있더라도 내가 먹을 수 있으랴

《논어》에 나온 공자와 제나라 경공 사이의 대화를 인용했지만 사실은 연산군과 신하들을 싸잡아 비판하는 내용이다. 갑자사화[1]가 발생하고 1년도 채 지나지 않았던 무시무시한 시절이었다.

발끈한 연산군은 공길을 폭행하고 먼 곳으로 유배를 보낸다.

시간이 지나도 분이 안 풀린 연산군이 신하들에게 명령한다.

"광대놀음은 하나도 볼 게 없다. 또한 배우들이 집단으로 서울에 살면 도둑놈이 될 것이다. 이제 광대놀음은 금지하라."[2]

---

1   연산군이 자신의 생모를 폐비시키는 일에 관여한 사람들에게 복수한 사건.

2   원문은 이렇다. "나례儺禮는 배우들 장난으로 한 가지도 볼 만한 것이 없으며, 또 배우들이 서울에 떼를 지어 모이면 사납게 훔치길 일삼는 도둑이 될 것이다. 앞으로는 나례를 없애라." 《연산군일기》, 연산군 11년(1505년 12월 29일).

빌딩

수집가

빌딩 수집이
제일 쉬웠어요

권력자를 풍자했던 옛날 연예인들과 달리 요즘 연예인들은 스스로 권력자가 되기도 한다.[1] 그리고 건물을 수집한다.

1. 대출을 끼고 수십억짜리 건물을 개인 명의로 산다. 합법. 평범한 시민에겐 에베레스트 비슷하던 대출 문턱이 연예인 앞에선 저절로 겸손해진다. 건물가의 80%는 기본이고 90%까지도 대출이 가능하다. 공짜로 빌리는 것도 아닌데 담당 직원에게 굽실거리고 꺾기[2]까지 당했던 기억에 괴롭

---

1 비연예인을 '일반인'이라 부르며 스스로를 '특별인'으로 규정한다. 팬들에게 조공까지 받는다. 협찬과 연예인 할인을 당연한 권리로 여긴다. 조공이야 팬들이 자발적으로 하는 행위니 상관없지만 협찬과 연예인 할인은 문제가 있다. 그 비용이 결국엔 일반인들에게 전가된다.

2 대출을 대가로 적금 가입이나 여타 서비스 가입을 '은근히' 강요하던, 지금은 아마 사라졌을 구시대 악습이다.

지만 그래도 이 정도는 연예인 DC 확장판 정도라고 넘어
가자.

2. 건물 명의를 부동산 법인으로 이전한다. 합법.

'부동산 법인'과 '제조업 법인'이 내는 세금이 똑같으면 굳
이 리스크[3]를 감수하면서 제조업을 할 필요가 없다. 그래
서 미국은 부동산 법인의 세금이 훨씬 높다. '전두환-노태
우' 정권도 그렇게 했다. 하지만 1997년 IMF 경제 위기 이
후 규제를 다 풀었다. 쉽게 법인을 만들고 열심히 공장도
돌리라고. 이걸 약삭빠른 이들이 살뜰히 활용하고 있다.
건물을 법인 명의로 사면 세금이 절반 정도다. 임대소득
에 붙는 세금도 절반이다. 종부세는 아예 안 낸다. 기본적
으로 그 돈은 깨알같이 미분되어 전 국민에게 부담으로
돌아온다.[4]

3. 법인 본사를 경기도에 설립한다. 합법.

법인 본사를 건물이 있는 서울 대신 경기도에 설립하면
세금을 절반 정도 줄일 수 있다. 서울에 있는 법인이 서울

---

3   경기 변동, 파산, 산업재해, 인사 관리 등.
4   2010년대 기준이다.

에 있는 건물을 사서 임대하면 취득세가 중과된다.

4. 공유 오피스에 본사를 차린다. 합법.

법인 본사를 사무실이 아니라 월세가 싼 공유 오피스에 등록한다. 게다가 사람이 상주하지 않고 사업자 등록만 하는 경우, 월세는 10만 원 내외다.[5]

5. 임차인을 바꾼다. 합법.

기존 임차인을 내보낸다. 방법은 두 가지가 있다. 임대료를 터무니없이 올리든지 재계약을 거부하든지. 그런 다음 건물을 리모델링한다. 물론 이 돈도 은행이 빌려준다. 건물이 더 좋아졌으니 임대료를 확 올린다. 그러면 건물 가격도 상승한다. 이런 걸 업계에선 '임차인 개선'이라 부른단다.[6]

6. 몇 년 후 건물을 팔아 수십억 원의 시세차익을 남긴다. 합법.

---

5 이런 사례가 다수 발생하자 공유 오피스에 부동산 법인을 세우는 행위를 금지하는 지방 자치단체들이 생겨났다.

6 개선은 '사람'에게 사용하는 단어가 아니다.

7. 또 다른 건물을 수집한다. 합법.

이 모든 과정에 불법은 없다.

하나도 없다.

전혀 없다.

그런데 씁쓸하다. 왜 그럴까?

대환장
파티

다들 사는 게 녹녹치 않으니 아파트를 한 채 사서, 더 바란다면 조그만 건물을 하나 사서 따박따박 세를 받아 살면 얼마나 편할까, 하는 소망을 누가 탓할 수 있을까. 이 정도는 생계형 투자, '자본주의를 파괴하지 않는' 투자라 하자.

수십억 원의 시세차익을 챙기는 '대박'은 결이 다르다. 대박이 있다면 반대편엔 비용 증가가 있고, 그 비용은 한 살 아기부터 122세 할머니까지 사회 구성원에게 골고루 청구되기 때문이다.[1]

---

1 누군가 막대한 시세차익을 거두고 떠난 건물의 임대료는 당연히 상승한다. 임차인에게 전가된 상승분은 상품과 서비스 가격에 반영되어 결국에는 국민 전체가 부담하게 된다. 주변 지가도 상승해 젠트리피케이션이 발생하기도 한다. 특히 연예인들이 빌딩을 매입하면 주변 지가에 엄청난 영향을 끼친다. 상승한 땅값, 집값, 임대료는 서로를 부추기며 국가 경제 전반에 부담으로 작용한다. 하지만 일반 시민들은 파괴력을 체감하지 못한다. 돌고 돌고 돌고 돌아 간접적으로 다가오기 때문에.

부동산 대박은 행위 당사자에게는 이익 극대화를 위한 경제 활동이지만 '땅값, 집값, 임대료'를 심하게 올려 사회 전체에 과도한 비용을 발생하게 하는 반사회적이고 '자본주의를 파괴하는' 행위다.

　　2021년엔 대환장 파티가 열렸다. 보도된 것만 대여섯 명의 건물주 연예인들이 일제히 빌딩을 팔아 시세차익 수금에 나섰다. 차익은 26억 원부터 200억 원까지 다양했다. 이걸 언론에선 '재테크 고수'라 치켜세우고, '착실히 돈을 벌어 기특하다'며 아이들의 롤모델로 추앙한다. 결과는 중·고등학생 선망 직업 1위가 건물주인 나라.

　　부동산 대박은 철저히 제로섬 게임[2]이다. 비아제와 다르다. 윈윈 게임은 없다. 부동산 대박을 칭찬하고 박수치기엔 반대편에 선 사람들의 고통이 너무 크다.

2　한쪽 이득과 다른 쪽 손실을 더하면 제로가 되는 것.

타인이
지옥이다

인간은 인간에게 늑대다.[1]

---

1   영국 철학자 토머스 홉스Thomas Hobbes(1588~1679). 한때 중·고등학교 필독서 목록에 빠
     지지 않던《리바이어던》으로 유명하다.

질투를 하는 이유

연예인들 건물 수집에 불법은 하나도 없지 않느냐?

능력이 되니까 사고파는 걸 어쩌라고?

자본주의가 그런 거 아니야?

질투[1]하냐?

인정.

수십억 시세차익도 인정.

하지만 기독교 관점에서라면 이야기가 달라진다.

왜 다를까?

---

1   질투는 유사성이 있을 때 발생한다. 닭은 소를 질투하지 않고, 소는 사자를 질투하지 않는다. 닭에게 소는, 소에게 사자는 판타지 대상일 뿐이다.

마지막
질문

"기독교는 가난한 사람에게 가치를 두고 있다. 가난한 사람이 복음의 중심이다. 경쟁과 적자생존이 지배하는 세상에서 힘 있는 사람이 힘없는 사람을 착취하고 있다. 하느님은 모든 형태의 노예적 삶을 반대하신다."[1]

프란치스코 교황이 언론 인터뷰에서 한 말이다.[2]

다음은 교황을 부르는 공식 칭호다.

로마 주교

---

1 가톨릭 성경 〈이사야서〉 5장 8절. "불행하여라, 빈터 하나 남지 않을 때까지 집에 집을 더해 가고 밭에 밭을 늘려 가는 자들! 너희만 이 땅 한가운데에서 살려 하는구나."

2 이탈리아 일간지 〈일 메사제로 Il Messaggero〉, 2014년 6월 29일.

사도 베드로 후계자

모든 가톨릭교회 최고 사제

서방교회 총 대주교

이탈리아 수석주교

로마 관구 대주교겸 수석주교

바티칸 시국市國 원수

마지막 칭호가 무시무시하다.

예수님 대리자

기독교인은 죽은 후, 신을 만나야 한다. 그리고 예수님의 질문에 답해야 한다.[3]

"너는 세상에서 어떻게 살다가 왔니?"

---

3 가톨릭 성경 〈마태오 복음서〉 25장.

필리핀
쪽방

요즘 어린 친구들은 '금슬 좋은 사회복지사 부부' 정도로 알고 있는 션은 가수이고 정혜영은 탤런트다. 둘은 2004년에 결혼했다.

2005년 첫 아이를 임신했을 때 부부는 '나눔'을 태교로 선택했다. 기독교 NGO인 컴패션[1]을 통해 부부와 태아 이름으로 가난한 어린이 세 명에게 후원을 시작한다.

2008년 정혜영은 필리핀으로 가서 후원 중인 일곱 살 여자아이 집을 방문했다. 아이는 차마 집이라고 부를 수 없는, 필리핀 버전 쪽방에 거주하며 동생들을 보살피고 있었다.

---

1   1952년 한국을 방문해 전쟁 피해를 목격한 미국인 목사 에버렛 스완슨Everett Swanson이 미국으로 돌아가서 한국 전쟁고아들을 돕기 위한 기금을 모으는 것으로 출발했다. 한국 아이 10만 명을 도왔고, 현재 25개 나라에서 가난한 아이들을 돕고 있다.

부부는 아이에게 매달 3만 5,000원을 보냈다. 작은 돈이었지만 아이는 그 돈으로 꿈을 되찾았다. 아이는 정혜영을 엄마라 부르며 말했다.

"I love You, Mommy."

서울로 돌아온 정혜영은 션과 의논 후, 집을 사려고 붓던 적금을 깨 아이 100명을 더 후원한다.

"내 집 마련이라는 행복한 꿈을 미루는 것은 아쉽지만 가난 때문에 꿈을 잃은 아이들에게 꿈을 선물하는 것으로 내 꿈을 대신하려고 합니다."

아이티 100명, 우간다 100명, 인도네시아 100명 등 현재 부부가 돕는 아동이 1,000명 이상이다. 매달 3,000만 원을 후원하고 있는데 지금까지 50억 원 이상을 기부했다고 한다.

네 자녀와 전셋집에 살던 부부는 2018년 드디어 내 집 마련에 성공한다.

부부가 후원으로 '날린' 50억 원(20%)을 레버리지$_{leverage}$ [2]로

---

2   금융 기관 등으로부터 부채를 일으켜 자산을 매입하는 투자 행위.

은행에서 80%를 대출받으면 250억어치 빌딩을 수집할 수도 있었다. 다른 빌딩 수집 연예인들처럼 몇 번 되팔면 지금쯤 재산이 수백억은 됐을 터. 물론 어마어마한 사회적 비용이 발생했을 것이고 그 대가는 고스란히 우리 몫이다.

하지만 하지 않았다. 그걸로 어려운 이웃을 도왔다.

대단한 부부다. 돈, 명예, 명성보다 더 중요한 게 있다는 걸 몸소 보여준 부부다.

부부는 기독교인이다. 그래서 사후에 신과 독대獨對[3]해야 하고, 예수님 질문에 답해야 한다.

"너는 세상에서 어떻게 살다가 왔니?"

대답을 들은 예수님이 부부를 참 예뻐하실 것 같다.

---

3 단둘이 만난다는 뜻이지만 이 글에선 살짝 비유로 사용했다.

테스형의 변론

너 자신을 알라.

악법도 법이다.

이 두 문장으로 한국에서는 안 그래도 유명한데, 〈테스형〉이란 노래 덕분에 더 유명해진 소크라테스가 한 말이다.

> "돈을 모으고, 명예를 쌓고, 명성을 알리는 데는 모든 노력을 기울이면서 지혜와 진리와 자신의 영혼에 대해서는 무관심하다니 부끄러운 일이오."[1]

---

1   플라톤, 《소크라테스의 변론》, 29d.

부자 청년의
질문

"어떻게 하면 영생永生을 얻을 수 있습니까?"

젊은 나이에 크게 성공한 한 청년이 예수님께 물었다. 그러자 예수님이 제안한 체크리스트가 꽤 길다.

"운전하면서 욕하지 말고, 먹방은 찍지도 구독하지도 마라."[1]

"꿀벅지, 삼촌팬 따위 말로 게슴츠레한 눈빛을 합리화하지 마라"[2]

---

[1] 원래 문구는 10계명 중 6계명인 '살인하지 말라'다. 이 계명은 단순히 살인 금지만 말하는 것이 아니다. '인간 생명에 대한 존중'이 핵심이다. 곤란에 처한 자를 위로하고 도울 것, 죄 없는 자를 보호하고 옹호할 것, 육류, 음료, 의약, 수면, 노동, 오락을 절제할 것 등. 이를 자세히 설명한 것이 정통 개신교가 따르는 〈웨스트민스터 대요리문답〉이다. 자세한 내용은 다음 책을 참고할 것. 《개혁주의 신앙고백》, 김학모 편역, 부흥과개혁사, 2015. 간단한 버전으로는 다음 책이 좋다. 황희상, 《특강 소요리문답》, 흑곰북스, 2011.

"네 이웃이 네가 사는 만큼은 살 수 있도록 노력해라."[3]

"가짜 뉴스를 만들지도, 확인도 하지 말고, 가짜 뉴스를 카톡으로 퍼뜨리지도 마라."[4]

"효도해라."[5]

어릴 때부터 다 지켜오던 것이라고 청년이 답하자 예수님은 칭찬하며 마지막 단계를 말씀하신다.

"네 재산을 가난한 사람들과 나눠라. 그게 네 영혼이 영원히 사는 길이다."

청년은 어떻게 반응했을까?

---

2   7계명, 간음하지 말라. 여성 가수 허벅지를 꿀벅지라 부르는 것은 음흉한 시선을 감추는 행위이자 해당 가수가 인간으로서 가지는 존엄성을 침해하는 것이다. 문제는 일부 가수가 그 표현을 칭찬으로 여긴다는 사실. 인간이 상품 가치를 인정받았다는 것이 칭찬으로 들리는 사회는, 무섭다.

3   8계명, 도둑질하지 말라.

4   9계명, 거짓 증거하지 말라. 알렉산드로스 대왕 휘하에서 장군으로 활약했던 셀레우코스 니카토르(셀레우코스 1세)는 대왕이 죽자 시리아에서 파키스탄에 이르는 셀레우코스 제국을 세웠다. 그는 B.C. 300년 무렵 메가스테네스를 인도(찬드라굽타 왕국)에 파견한다. 메가스테네스가 남긴 기록에 따르면 고대 인도 율법은 간단했다. 거짓 증거하면 손과 발을 모두 잘랐다.

5   5계명, 네 부모를 공경하라.

천국보다
돈

청년은 풀이 죽어 근심하며 돌아갔다. 청년에겐 천국보다 재산이 더 소중했으므로.

예수님이 제자들에게 말씀하셨다.

"부자는 천국에 들어가기가 어렵다. 낙타가 바늘귀로 들어가는 것이 부자가 하나님 나라에 들어가는 것보다 쉽다."[1]

성경에 세 번[2]이나 반복해서 나올 정도로 중요한 이야기다.

---

1 이슬람교는 문이 좀 넓다. "하나님께서는 모든 것에 대한 권세가 있으시니라. 부와 자손은 이 세상 생활의 장식품이니라. 그러나 훌륭한 일을 지속하는 것이 너희의 주님께서 보시기에 즉각적인 보상면에서, 또 장래의 희망에 있어 더 좋으니라." 《코란》 18장 46-47절. 이슬람교에서 재산은, 정직하게 모으고 자선을 베풀기만 하면 신이 주신 선물이다.

2 기독교 성경 〈마태복음〉 19장, 〈마가복음〉 10장, 〈누가복음〉 18장.

기독교의 기독基督은 그리스도Kristos, 즉 예수님을 의미한다. 그래서 기독교는 '예수님을 믿는 종교'라는 뜻이다.

만약 기독교인이라면 꼭 예수님을 믿기를 진심으로 부탁한다.

돈보다
천국

사방에서 날아드는 풍문으로 예수님에 대한 호기심이 임계점을 향하고 있을 무렵, 예수님이 여리고를 방문하자 수천 명 주민들이 예수님을 보려고 일제히 길가로 뛰쳐나왔다.[1]

여리고 지방 세무서장인 삭개오 역시 그중 하나였다. 키가 유난히 작아 사람들 너머로 예수님을 볼 수 없었던 삭개오는 재빨리 뽕나무 위로 올라간다.

"삭개오야, 내려오너라. 오늘 밤은 네 집에서 묵어야겠다."

예수님 말씀에 삭개오는 춤출 듯 기뻤지만 사람들은 예수님

---

1   여리고에는 수천 명이 거주했다. 2000년 전 당시에는 상당히 큰 도시였다.

이 '악한 부자'를 선택했다며 수근댔다.[2]

저녁 식사를 마친 뒤, 갑자기 삭개오가 희한한 말을 던진다.

"예수님, 제 재산의 절반을 가난한 자들에게 주겠습니다. 불법으로 탈취한 돈은 네 배로 갚겠습니다."[3]

예수님이 미소 지으며 말씀하셨다.

"오늘 이 집이 구원을 받았다."[4]

삭개오는 재산의 절반을 가난한 사람들에게 나눠준 첫 번째 기독교인이 된다. 예수님이 명령하지도 않았는데.

---

2   당시 이스라엘은 로마 지배를 받고 있었다. 유대인 세무 공무원들은 동족들에게서 세금을 부당하게 많이 걷었다. 정해진 할당량은 로마에 바치고, 나머지를 착복해 부를 쌓았다. 삭개오는 그런 세무 공무원 중 우두머리였다. 유대인들은 세무 공무원을 증오했고 말도 섞지 않았다. 죄인이라고 멸시했다.
3   유대인 율법에 따르면 도둑질한 경우 두 배를 배상한다. 훔친 가축을 이미 팔았거나 죽였을 경우 양은 네 배, 소는 다섯 배를 배상한다.
4   기독교 성경 〈누가복음〉 19장에 나오는 내용이다.

말한 대로
산다는 것

모한다스 카람찬드 간디[1]는 힌두교 신자다. 그는 영국 유학 중 예수님을 알게 되어, 예수님을 좋아하고 존경했다. 하지만 이상했다.

'원수까지도 사랑하라는 예수님을 믿는 영국인들이 왜 독립 운동하는 우리 인도인들을 학살할까?'

그리고 결론.

'예수님은 좋지만 기독교인은 싫다. 그들은 예수님을 믿지

---

1 1869~1948. 마하트마 간디라고 할 때 마하트마는 일종의 호나 별명이다. '위대한 영혼'
   이라는 뜻이다.

않기 때문이다.'

재미있는 것은 간디가 날린 비판의 화살이 기독교인을 뚫은 뒤 자신에게 되돌아갔다는 사실이다.

간디는 인간을 차별하는 것에 분노했지만 인간 차별 결정판인 카스트 제도는 비판하지 않았다. 오히려 유지와 보존을 주장했다. 남아프리카공화국에서 생활할 때 흑인을 '깜둥이Kaffirs'라 부르며 경멸했고, 여성과 나이 많은 노동자도 무시했다.

말한 대로 사는 것, 참 힘들다.

글과
삶

어떤 이는 삶보다 글이 낫다.

어떤 이는 글보다 삶이 낫다.

글과 삶이 동일한 이는 드물다.

어린 양아,
누가 너를 만들었지?

어린 양아, 누가 너를 만들었지?

알고 있니? 누가 널 만들었는지?

어린 양아, 내가 말해 줄게.

어린 양아, 내가 말해 줄게.

그분은 너의 이름으로 불린단다.

스스로를 양이라 하셨기에.

그분은 온화하고 상냥하시단다.

그분은 어린아이가 되셨단다.

나는 어린아이, 너는 양,

우리는 그분의 이름으로 불린단다.

어린 양아, 예수님이 너를 축복하시길!

어린 양아, 예수님이 너를 축복하시길![1]

---

1   윌리엄 블레이크의 시 〈어린 양〉 중에서.

산산
———
물물

공수래
풀수거

063

나눔 실천자, 말한 대로 사는 어른, 부처님을 따르는 제자.

종교를 초월해 존경받던 법정 스님[1]의 별명이다. 그는 자신
이 쓴 책《무소유》처럼 무소유 삶을 살다 갔다.

　내 것을 나누면 내 것이 줄어들까? 아니. 받는 사람에게
　고마움이 발생하고 내 마음에도 뿌듯함이 생긴다. 내 것을
　조금만 나누면 세상은 큰 기쁨으로 가득 차게 된다.

법정 스님은《무소유》로 받은 수십 억 인세를 모두 가난한
이웃에게 나눠줬다. 정작 본인은 폐암 치료비를 병원에 다 못 내

1　1932~2010.

고 사망했다.[2]

법정 스님 입적入寂[3] 10년 후, 법정 스님만큼 유명했던, 온화하고 상냥한 표정이 트레이드 마크였던 젊은 스님 한 분이 자신이 가진 소유물 때문에 많은 사람을 실망시켰다.

리버뷰를 소유한 뉴욕 주상복합아파트.

남산뷰를 소유한 서울 3층짜리 단독주택.

사람들은 부자인 이 스님을 법정 스님에 빗대 '풀소유'라 부르기 시작했다.

스님은 건물을 소유하면 안 되는가?

---

2 이 돈은 나중에 삼성 이건희 회장 부인. 홍라희 라움 미술관 관장이 지불했다고 한다.
3 승려가 사망한 것을 입적이라 한다.

저팔계가
지킨 것

7세기 초, 당나라 현장 법사는 출국을 금지한 당나라 국법을 어기고 불경을 구하기 위해 인도를 다녀온 뒤《대당서역기大唐西域記》를 기록한다. 현재《대당서역기》는 인류 고전으로 평가받는다.

고전은 누구나 읽어야 하지만 아무도 읽지 않는 책이라고 마크 트웨인이 지적한 것처럼, 사람들은《대당서역기》를 읽는 대신 그 책을 모티브로 황당무계하지만 재미있는 이야기들을 만들고 고치고 낄낄거리며 소비했다. 수백 년 동안. 바로《서유기》다.

현장 법사를 삼장 법사로 바꾼 집단 지성은 손오공, 사오정, 저팔계도 창조해내는데 저팔계 이름이 묘하다.

저 - 猪

팔계 - 八戒

'팔계를 지키는 돼지'라는 뜻이다. 팔계, 즉 여덟 가지 지켜야 할 계율이 뭘까?

- 불교가 금하는 다섯 가지 채소[1]: 파, 마늘, 부추, 달래, 흥거
- 도교가 금하는 세 가지 고기: 기러기, 개, 뱀장어

저팔계처럼 계율을 잘 지키면 이승에서 좋은 업보를 쌓을 수 있고, 좋은 곳에서 환생할 수 있다는 것이 《서유기》가 주는 교훈이다.

예능 프로그램에 출연한 풀소유 스님은 식성도 좋다. 방송에서 마늘, 양파, 고추, 대파가 풍성히 들어간 순두부찌개와 공기밥 두 그릇을 깔끔하게 먹어치웠다.

스님은 먹방을 찍으면 안 되는가?[2]

---

1   향과 자극이 강해 오신채五辛菜라고 부른다. 흥거는 한국에 없는 작물이라 한국 불교 오신채엔 흥거 대신 양파가 들어간다.

2   불교에선 과식을 금한다. 식사도 수행이기 때문이다.

풀소유
스님

풀소유 스님이 속한 조계종은 소속 승려들이 공익 목적 외 재산을 가지는 것을 법으로 금지하고 있다.

무소유 삶으로 진리에 정진하는 것이 불교의 도道라고 주장하는 중들이 넓은 땅, 사치스러운 옷, 값비싼 음식, 수많은 노비들을 거느린다. 풀소유로 무슨 도를 닦고 무슨 도를 전파한다는 말인가? 부처가 그렇게 가르쳤는가?[1]

1394년에 정도전이 쓴 《불씨잡변》 내용 중 일부를 의역했다. 부처님은 뭐라고 가르치셨을까?

---

1 승려의 기본 덕목은 청빈, 금욕, 불상해不傷害(해치지 않는 것)다. 힌두교는 조금 더 많다. 진실, 보시, 고행, 금식, 금욕, 초탈.

《숫타니파타》의 가르침

부처님 사후에 제자들이 부처님 설법을 모아서 만든 최초 경전이 《숫타니파타》다. 초기 경전이라 부처님 육성이 가장 생생하다.

분에 넘치게 바라지 말라.

탐을 내지 말라.

욕망을 충족시키지 말라.[1]

신들도 인간들도 욕심과 집착의 덫에서

헤어나지 못하고 있다.

넘어가라.

---

1 《숫타니파타》 707절.

집착을 넘어가라.

얼마 안 되는 이 시간을 헛되이 보내지 말라.[2]

진정한 수행자는 번뇌를 벗어난다.

어떤 것에도 집착하는 마음이 없다.[3]

만약 불교인이라면 꼭 부처님을 믿기를 진심으로 부탁한다.

---

2 《숫타니파타》 333절.

3 《숫타니파타》 795절.

유느님이 아닌
유처님

유재석이 지금까지 방송과 광고 출연으로 번 수입이 700억 원 이상이라고 한다. 그런데도 그는 빌딩을 수집하지 않는다. 지금 사는 강남 아파트도 전세란다.

왜?

도대체 왜?

700억 원(20%)을 레버리지로 은행에서 80%를 대출받으면 3,500억 어치 빌딩을 수집할 수 있었다. 다른 빌딩 수집가들처럼 몇 번 되팔면 지금쯤 재산이 1조는 됐을 터. 물론 사회적 비용이 천문학적인 숫자로 발생했을 것이고 그 대가는 고스란히 우리 몫이다.

하지만 하지 않았다. 대단한 사람이다.

1 천상도

2 인간도

3 (아)수라도[1]

4 축생도

5 아귀도

6 지옥도

불교 신자들이 다음 생生에 태어날 수 있는 여섯 가지 선택지다. 결정권은 오롯이 본인에게 있다.[2] 득도하기 전까진 수도 없이 반복해서 태어나야 한다.

유재석 님. 이승에서 충분히 의롭게 살고 계시니

귀찮게 육도 윤회 왔다갔다 마시고

한 방에 성불하셔서 유처님[3]이 되시길.

---

1 "아수라들이 머무는 악명 높은 세계가 있다. 그곳은 깜깜한 어둠으로 덮인 곳. 누구든 아트만을 알지 못하는 자는 죽을 때마다 이 어두운 세계로 계속해서 떨어질지어다."《우파니샤드》에 나오는 내용이다.

2 이번 생을 살면서 행한 행위들을 다면 평가해 다음 생이 결정된다. 경우의 수는 여섯 개. 그래서 육도 윤회. 고대 그리스인들도 비슷한 생각을 했다. 생전 행실에 따라 윤회 질이 결정된다고 봤다. 플라톤,《파이돈》, 82b.

3 유재석을 흔히 유느님이라 부른다. 그는 불교 신자니 유처님이라 부르는 게 합당하다.

산은 산이요,
물은 물이로다

1981년 1월, 조계종 종정宗正, 즉 대장 자리에 오른 성철 스님이 취임식에 나타나지 않고 다른 사람을 시켜 대신 읽게 한 법어法語[1] 끝부분이다.

산은 산이요, 물은 물이로다.[2]

오리지널 저작권자는 중국 송나라 승려 청원유신이다.

---

1 강론, 설교.
2 원각圓覺이 보조普照하니 적寂과 멸滅이 둘이 아니라.
　　보이는 만물은 관음觀音이요 들리는 소리는 묘음妙音이라.
　　보고 듣는 이 밖에 진리가 따로 없다.
　　아, 시회대중時會大衆은 알겠는가?
　　산은 산이고 물은 물이로다.

이 노승老僧이 30년 전 아직 참선 공부를 하지 않고 있을 때
산은 산이고, 물은 물이었다.

그 후 훌륭한 스님에게 가르침을 받고 어느 경지에 이르자
산은 산이 아니고, 물은 물이 아니었다.

시간이 많이 흘러 이제 진정한 깨달음에 이르니
산은 산이요, 물은 물이로다.[3]

---

3   老僧 三十年前 未參禪時 見山是山 見水是水
     乃至後來 親見知識 有個入處 見山不是山 見水不是水
     而今 得居休歇處 依前 見山只是山 見水只是水

     마지막 문장은 두 가지로 해석할 수 있다.
     ① 산은 단지 산이요, 물은 단지 물이더라.
     ② 산은 정말로 산이고, 물은 정말로 물이더라.

산산물물의
응용

산산물물을 다양하게 응용할 수 있다.

1   산은 산이요, 물은 물이로다.

　　산을 아파트나 리조트 부지로 보지 말고

　　물을 방사능 오염수 방류지로 보지 말라.

2   산은 산이요, 물은 물이로다.

　　산은 물이 되려고 하지 말고

　　물은 산이 되려고 하지 말라.

　　남을 부러워 말고 자신을 사랑하라.

3   산은 산이요, 물은 물이로다.

　　비구는 건물을 소유해 우바새처럼 살지 말고

우바새는 가정을 등한시해 비구처럼 살지 말라.

비구는 우바새를 위해 열심히 기도하고

우바새는 비구를 위해 열심히 공양하라.[1]

<hr />

1 불교는 부처님 가르침을 따르는 인간을 네 부류로 나눈다. 비구(남자 승려), 비구니(여자
   승려), 우바새(남자 불교 신자), 우바이(여자 불교 신자). 비구와 비구니는 세속을 떠나 수행
   에 전념하고, 세속에 있는 우바새와 우바이는 경제 활동에 참여해 그 결과물로 비구와
   비구니를 공양한다. 다음 세 부류를 추가하기도 한다. 사미(미성년 남자 승려), 사미니(미
   성년 여자 승려), 식차마나(비구니 직전의 여자 승려).

인간보다
개

고대 인도 종교철학 경전의 최종판, 완결판, 결정판인《우파니샤드》는 오랜 기간 기록되었다.[1]

존재의 허무, 명상, 고행, 윤회, 업, 열반, 무명, 야차[2]

얘들은 모두《우파니샤드》에 나오는 개념인데 전혀 낯설지 않다. 불교 덕분이다. 이 개념들을 받아들인 후 상큼하게 재해석했다. 19세기 독일 철학자 쇼펜하우어[3]는《우파니샤드》를 극찬했다.

---

1   B.C. 8~3세기.

2   병을 치유해주고 자손과 재물을 주기도 하지만 두려움도 주는 야크샤를 음차하여 부르는 호칭이다. 불교에 들어가서는 불법佛法, 즉 진리 수호자가 된다.

3   1788~1860, 독일 철학자. 대표작은《의지와 표상으로서의 세계》.

"우파니샤드가 말하는 지혜는 최고다."

자칭 '은둔형 철학 황제' 쇼펜하우어는 당시 독일 철학계에서 황제로 추앙받던 헤겔을 증오했다. 집에서 키우던 개 이름을 '헤겔'로 바꾸고 매일 괴롭혔다.

그런데 불현듯 개가 인간보다 훨씬 낫다는 깨달음을 얻었다. 그는 자신의 개 이름을 헤겔에서 '아트만'으로 개명한다. 아트만 역시 《우파니샤드》에 나오는 개념이다.[4]

---

4   아트만은 인간 내면에 숨어 있는 참된 자아를 가리키는데 개념 잡기가 쉽지 않다. 《우파니샤드》에는 이렇게 기록되어 있다. '내 중심 속에 있는 아트만은 쌀알보다, 보리알보다, 겨자씨보다 더 작다. 내 중심 속에 있는 아트만은 땅보다, 하늘보다, 우주보다 더 크다.'

《우파니샤드》의 가르침

신은 광물 속에서는 잠든다.

신은 식물 속에서는 깬다.

신은 동물 속에서는 걷는다.

신은 인간 속에서는 사유한다.

《우파니샤드》에 나오는 구절이지만 다른 고등 종교에서도 다양하게 응용할 수 있다.

"다른 종교가 말하는 지혜를 배운다고 내 신앙이 흔들린다면 그 정도 신앙은 차라리 없는 게 낫다."[1]

---

1 강원용 목사(1917~2006)가 한 말이다. 대체로 정치는 친미 보수, 인권은 진보 성향이었다. 자신이 믿는 바가 확실하면 다른 종교 진리 주장에 관대할 수 있다. 타 종교인 입장에서 생각해보는 여유도 생긴다.

스님보다 더 스님 같은
철학자

개를 싫어했던 쇼펜하우어가 태세를 전환해 '인간보다 개가 낫다. 개가 훨씬 도덕적이다. 인간이 개 세상을 지옥으로 만든다' 고 말하는 지경에 이르자 지인들이 비난조로 묻는다.

"너를 개라 불러도 좋겠네?"
"당연하지."

개가 사고를 치자 쇼펜하우어 입에서 나온 말이다.

"야! 이 인간 같은 놈아."

《우파니샤드》를 갖고 놀 정도로 동양사상에 능통했던 쇼펜하우어가 호라티우스[1]를 인용했다.

소유하고 있던 세계가 사라지더라도 슬퍼하지 마라.

세계는 원래 무無다.

세계를 소유하게 되더라도 기뻐하지 마라.

세계는 원래 무다.

흘러가는 괴로움과 기쁨에 현혹되지 마라.

원래 세계는 무다.

'서양' 철학자 쇼펜하우어, 스님보다 더 스님 같다. 쇼펜하우어가 당부한다.

"모든 중생이 고뇌에서 벗어나기를."

073

깨달은 자

샤키아(석가) 족 후손, 고타마 싯다르타는 6년 고행 끝에 완전한 깨달음을 체험한다[1]. 붓다(깨달은 자), 즉 부처님의 탄생이다.

부처님은 보리수나무 아래 가부좌를 틀고 갈등에 빠진다.

'내 깨달음을 중생들에게 전할까, 말까?'

'세상으로 나갈까, 말까?'

왜 고민했을까?

---

1 산스크리트어로 '아뇩다라삼먁삼보리(무상정등각)'라고 한다. 불교에서는 성불成佛, 대각大覺, 활연대오豁然大悟 등으로 표현한다. 석가모니는 '석가 족 출신 지혜로운 자'라는 뜻이다.

깨달은 자의
고독

부처님은 자신이 도달한 초월적 평화가 너무 좋았다. 사람 하나 마주칠 일 없는 히말라야에서 유유자적하며, 그 상태에 영원히 머물고 싶었다. 게다가 세상으로 나갔을 때 겪을 수모와 고난을 예상했다.

"선지자는 정작 자기 고향에서 환영받지 못하는 법이다."[1]

이런 내적 갈등을 '깨달은 자의 고독'이라 말한다. 고대 영웅들에게서 비슷하게 나타나는 심리 상태라 'Why me 신드롬'이

---

1 기독교 성경 《누가복음》 4장 24절에 나오는 예수님 말씀이다. 《마태복음》 13장 57절에도 비슷한 말이 나온다. "선지자가 자기 고향과 자기 집 외에서는 존경을 받지 않음이 없느니라."

라고 부르기도 한다.

Why me? 왜 나지?[2]

하지만 부처님은 7일 만에 마음을 다잡았고, 중생들을 돕기 위해 세상으로 나와 헌신하는 삶을 살았다.[3]

풀소유 스님은 논란 이후 반성하고 수행에 집중하고 있다고 한다. 한 번 실수야 누구에게나 있는 일이니 괘념치 마시고, 안거安居[4] 수행 잘 끝내시고, 부처님처럼 다시 세상으로 나와서 불쌍한 중생들 구제에 힘써주시기를.

그렇게 부처님께 사랑받는 제자 되시길 진심으로 바란다.

---

2 사명을 맡기는 절대자에게 모세는 이렇게 말했다. "저는 말재주가 없습니다. 입이 뻣뻣하고 혀가 둔합니다." 예언자 예레미야 역시 비슷하게 답했다. "저는 아이라 말할 줄을 알지 못합니다." 이슬람교 창시자 무함마드는 예루살렘에 있던 큰 바위(현재 알 아크사 사원)에서 승천을 시작했다. 7층천을 통과해 신 앞에 나아갔고, 세상을 바꾸라는 사명을 받고 다시 세상으로 복귀했다. 그가 신께 "Why me?"라고 했는지에 대해서는 알려진 바 없다.

3 기록에 따라 28일도 있고 49일도 있다. 석가여래에서 여래如來는 '이렇게 온 이'라는 뜻이다.

4 여름 3개월(하안거)과 겨울 3개월(동안거) 동안 출가한 승려들이 한곳에 모여 외출을 금하고 참선에 매진하는 불교 수행법이다. 의무 및 강제 사항은 아니지만 안거 참여 횟수가 진정성을 알 수 있는 객관적 지표가 된다.

부처님과
제자

075

목어木魚를 두드리다

졸음에 겨워

고오운 상좌아이도

잠이 들었다.

부처님은 말이 없이

웃으시는데

서역西域[1] 만리万里 길

눈부신 노을 아래

모란이 진다.[2]

---

1 '서쪽에 있는 나라'라는 뜻이다. 어딜까? 서역은 중국 한나라 때 처음 등장한 단어인데
   신장위구르를 가리켰다. 당나라 땐 범위가 확장되어 인도, 페르시아, 아랍까지 포함하게
   된다. 지금도 쓰는 사람에 따라 의미가 달라지는 희한한 단어다.

2 조지훈, 〈고사古寺〉.

소크라테스의

변론

축의
시대

B.C. 900년에서 B.C. 200년까지는 놀라운 시대였다. 서로 떨어져 있는 네 지역에서 옛 지혜를 거부하는 엄청난 사유 혁명이 '각각' 발생했고, 오늘날까지 영향을 미치는 거대 종교와 철학이 '각각' 발생했다. 그래서 이 시기를 '축의 시대Axial Age'라 부른다.[1]

중국 - 유교, 도교

인도 - 힌두교, 불교

이스라엘 - 유일신교

그리스 - 철학

---

1   독일 철학자 칼 야스퍼스Karl Jaspers(1883~1969)가 1949년에 출간한 저서《역사의 기원과 목표》에서 제시한 개념이다. 축의 시대는 인간 역사의 등대 같은 시대였다고 주장했다.

우리는 아직도 이 시기에 성립한 통찰을 근본적으로 넘어서지 못하고 있다. 특히 B.C. 500년 무렵이 하이라이트다. 부처님, 공자, 소크라테스가 거의 동시대를 살며 인간이 어떻게 살아야 하는가를 제시했고, 그 영향력은 지금까지도 막강하다.

소크라테스는
말하지 않았다

077

소크라테스가 말했다.

"악법도 법이다."

거짓말이다. 소크라테스는 그런 말을 한 적이 없다. 어떤 철학책과 역사책에도 없는 기록이다.

'소크라테스가 순순히 독배를 마신 것은 실정법實定法[1]을 존중했기 때문이며, 악법도 법이므로 지켜야 한다.'

경성제국대학 법학부 교수 오다카 도모오尾高朝雄가 1937년에

---

1   현재 시행되고 있는 법 + 사회적 관습 + 판례.

쓴 글이다. 이게 어느 순간 소크라테스가 한 말로 둔갑해 널리 퍼졌다. 한국에서만.[2]

소크라테스는
이렇게 말했다

'국가가 인정하는 신神들 대신 다른 신들[1]을 믿도록 선동함으로써 청년들 정신을 타락시켰다.'

소크라테스가 재판에 회부된 이유다. 소크라테스는 뛰어난 논리와 입담으로 혐의를 스스로 논박했으나 투표 결과는 30표 차이로 사형이었다.[2]

소크라테스는 말했다.

---

1 '자신이 만들어낸 신들'이라고 번역하기도 한다.

2 당시 배심원 수는 500명으로 추정된다. "30명만 생각을 바꾸었으면 무죄가 되었을 것 (플라톤,《소크라테스의 변론》, 36a)"이라는 소크라테스의 말에 따른다면 유죄 280명, 무죄 220명으로 결정된 것 같다. 유죄와 무죄가 동등하면 무죄로 간주했다. 소크라테스 재판 과정은 플라톤이 쓴《소크라테스의 변론》,《크리톤》,《파이돈》을 참고하면 좋다. 그리 길지 않아 중·고등학생들도 수월하게 읽을 수 있다.

"청년들이여, 기득권 세력이 하는 말에 의문을 품어라."

"청년들이여, 국가 명령에 맹목적으로 복종하지 말고 양심에 따라 행동하라."

"청년들이여, 국가 명령이 정의롭지 못하면 과감히 거부하라."[3]

기득권층 입장에선 '청년들 정신을 타락시킨다'고 볼 만하다.[4] 만약 이념 성향이 보수와 진보, 딱 두 개만 있다면 소크라테스는 진보에 가깝다. 게다가 당시 아테네인들과는 '정반대' 사고 방식과 가치관을 설파했으니 '극極'이라는 수식어가 붙을 수도 있겠다.[5] 그래서 걱정이다. 소크라테스는 말과 행동이 일치했을까? 혹시 '입'으로만 떠드는 진보는 아니었을까?

---

3 소크라테스는 준법과 정의가 부딪칠 때 정의를 우선했다. 이 부분은 다음 책을 참고할 것. 권창은·강정인, 《소크라테스는 악법도 법이라고 말하지 않았다》, 고려대학교출판부, 2005.

4 아테네 기득권자들은 청년들이 부모나 정부의 가르침을 순순히 따르지 않고, 전통과 체제 등 한 번도 의심해보지 않던 것들을 정당화할 논거를 찾는 데 불안을 느꼈고, 소크라테스가 원흉이라 여겼다.

5 《소크라테스의 변론》은 재판을 직접 참관한 제자 플라톤이 쓴 기록이고 학자들 대부분이 신뢰하는 자료다. 플라톤에 따르면 스승 소크라테스는 반체제 철학자다. 반면 재판에 참석하지 않았던 크세노폰이 《소크라테스 회상》에서 묘사하는 소크라테스 캐릭터는 진부하다. 크세노폰은 철학자가 아니라 군인이라 플라톤 '철학'에 대한 이해도가 떨어진다는 평가도 있다. 키에르케고르는 '소크라테스에게서 위험한 부분들을 모두 잘라내 어리석은 인물로 만들었다'고 크세노폰을 비판했다.

뉴 보수,
뉴 진보

소크라테스는 '철학으로 아테네를 살리라는 신의 명령'을 수행하느라 자발적 가난을 택했다.[1]

당시 잘 나가던 아테네 최고 1타 강사가 한 타임에 1억 원 수업료[2]를 받으면서 람보르기니를 타고 다닐 때, 그보다 100배는 뛰어난 강사였던 소크라테스는 부인과 세 아들을 굶길 정도로 공익에 몰두했다.

이제 이 정도는 돼야 보수, 혹은 진보라 부르자.

순응이 미덕인 사회에서는 다른 사람들과 다르게 생각하는 자체가 용기다.

---

1   플라톤, 《소크라테스의 변론》, 31c.

2   파로스 출신 에우에노스를 말한다. 원문에는 '5므나'로 표기되어 있는데 기술자 500일 치 일당에 해당한다. 《소크라테스의 변론》, 20b.

안보엔
좌우가 없다

- 1990년대 최고 인기를 누렸던 가수다.

- 언론을 통해 입대 의사를 밝혔다.

- 전 국민이 그렇게 믿었다.

- 그런데 북아메리카로 튀었다.

- 결국 군대는 가지 않았다. 지금까지.

누굴까?

미국으로 간 유 씨는 아니다. 캐나다로 튀어 몇 년간 조용히 산 뒤, 슬그머니 한국에 들어와 지금까지 아무 탈 없이 잘 살고 있는 서울대 출신 A씨 이야기다. 이 사람, 조용히 유명하다. 현재 유명 작곡가로 승승장구하고 있다.

소크라테스는 달랐다. 국가에 맹목적으로 복종하는 것은 거부했지만 안보에 있어서는 무조건 충성했다. 세 번이나 전쟁에

나가 배고픔과 고생과 겨울 추위를 누구보다 의연히 이겨냈다.[1]
나이도 적지 않았다.

  1차 참전 - 37세
  2차 참전 - 45세
  3차 참전 - 47세[2]

  소크라테스는 국가에 맹종하지 않았지만 시민이 지켜야 할
기본 의무는 다했다.[3]

  이제 이 정도는 돼야 보수, 혹은 진보라 부르자.

---

1 플라톤,《향연》, 219c, 220a.

2 1차 37세(B.C. 432) – 플라톤,《소크라테스의 변론》, 28c.《향연》, 219c.
   2차 45세(B.C. 424) – 플라톤,《소크라테스의 변론》, 28c.《향연》, 220a.
   3차 47세(B.C. 422) – 플라톤,《소크라테스의 변론》, 28c.

3 공공 제단은 물론 집에서도 제사를 지내는 등 국가 종교 관행들을 성실히 수행했다. 크
   세노폰,《소크라테스 회상》, 1장.

불량
동전

앞면에 '권리'를 새긴 동전이 있다.

뒷면에 새겨질 건 '의무'다.

앞면에 '자유'라고 새긴 동전이 있다.

뒷면에 새겨질 건 '책임'이다.

양면이 권리인 동전, 양면이 자유인 동전.

둘 다 불량 동전이다.

악법도 법일까?

082

[찬성]

법이 만들어진 이상 그 법에 오류가 있더라도 법을 개정하기 전까지는 지켜야 한다. 그래야 법적 안정성이 생기고 법치주의 사회를 실현할 수 있다.

"법이 아무리 지독해도, 법은 법이다."[1]

[반대]

악법에 무조건 복종하는 것은 독일(히틀러 당시), 일본(태평양 전쟁 당시), 북한(올데이) 등 전체주의 사회다.[2] 부당한 법과 질서를

---

1 고대 로마 격언. dura lex, sed lex(두라 렉스, 세드 렉스).
2 《정의론》으로 유명한 하버드 대학교 철학과 교수 존 롤스John Rawls.

지키지 않는 것은 시민이 지켜야 할 권리이자 의무다.

"근대법 역사는 악법에 저항한 역사다."[3]

뭐가 맞을까?

---

3   국가인권위원회.

시민
불복종

악법도 법이다 vs 악법은 악이다

둘 다 일리가 있는데 법조인은 악법도 법이라는 입장이 다수다. 악법은 악이라는 의견은 소크라테스가 원조다.[1]

국가의 법보다 우선하는 것은 신神의 법, 즉 정의다.
국가의 명령이 정의로울 때만 국가에 복종한다.

이런 예를 역사에서 흔하게 찾아볼 수 있다.

---

1 '악법은 악'이라는 주장은 시민불복종으로 이어진다.

- 유대교, 기독교, 이슬람교[2]에서 예언자 또는 영웅으로 인정 받는 다니엘은 바빌론 제국 총리였지만 바빌론 왕 외에는 아무에게도 기도하지 말라는 법을 어기고 자신이 믿는 신에게 기도했다가 사자굴에 감금되었다.[3]
- 불교 가르침인 출가, 삭발, 독신 생활은 조선 사회 2대 가치인 충과 효를 정면으로 위배했다.[4]

미국은 부당한 영국 법과 부당한 영국 왕에 불복하며 세운 나라다. 미국 〈독립선언서〉를 작성한 토머스 제퍼슨Thomas Jefferson은 말했다.

"폭군에게 불복하는 것은 하나님께 복종하는 것이다."

헨리 소로Henry David Thoreau를 비롯한 노예폐지론자들은 '노예를 처벌하는 법'에 불복했고, 1960년대 미국 활동가들은 19세기 후

---

2 《코란》에는 등장하지 않지만 무슬림(이슬람교 신자)들은 다니엘을 선지자로 여긴다.

3 가톨릭 성경 〈다니엘서〉 6장.

4 출가는 가족과 혈연 공동체를 부정한다. 삭발은 '신체발부수지부모'를 위반한다. 즉, 불효다. 대를 잇지 못하는 가장 큰 불효. 독신으로 인한 무자식은 농경 사회 최대 자산인 노동력과 조세 수입을 줄어들게 하는 국가에 대한 불충이다.

반부터 시행되어오던 인종차별 법을 고의로 위반했다.[5]

《정의론》으로 한국에서도 명성 높은 하버드대 철학과 교수 존 롤스는 말했다.

"시민불복종은 민주주의 사회에서 정의를 이루는 방책이 된다."[6]

---

5   헨리 데이비드 소로(1817~1862)는 한국에서 《월든》으로 유명하지만 사실 그는 《시민불복종》으로 유명세를 탔다. 여러 인종차별 법들을 통틀어 '짐 크로 법'이라 부른다.

6   2004년 헌법 재판소. "오늘날의 헌법 체계에서 준법이란 정당한 법, 정당한 법 집행을 전제로 한다."

구체적 타당성 vs
법적 안정성

A가 두 살 때 부모가 이혼한다.

생부는 딸을, 생모는 다른 남자를 선택했다.

A가 초등학생 때 생부가 사망한다.

생모는 혼자 남게 된 A의 삶에 전혀 관심이 없었다.

보다 못한 A의 고모와 고모부가 A를 자식처럼 키운다.

A는 고모와 고모부를 엄마, 아빠라 불렀다.

고모 부부는 A를 자신들의 법적인 자녀로 올리려고 했다.

A도 그렇게 하고 싶었다.

하지만 할 수 없었다.

죽은 아빠가 너무 외로워질 것 같다고.

20년이 지났다.

결혼을 몇 주 앞둔 예비 신부 A가 교통사고로 사망한다.

생모는 딸 장례식에 나타나지 않았다.

생모는 딸이 가입한 보험을 조회한다. 사망신고도 한다.

A 앞으로 보상금, 보험금, 직장 퇴직금 등 5억 원이 나왔다.

생전에 A는 생모를 증오했지만

5억 원은 생모가 챙겼다. 법이 그렇다.

30년간 A를 양육했던 고모 부부는

1원도 받을 수 없었다. 법이 그렇다.

고모 부부는 생모 허락 없이는

A의 사망증명서 한 장 뗄 수 없었다. 법이 그렇다.

기존 상속법은 자녀 양육 의무를 다하지 못한 부모가 자녀 사망으로 거액을 챙기는 것을 허용한다. 이를 막으려는 것이 일명 '구하라 법'이다.

'미성년 자녀를 돌보지 않은 부모는, 죽은 자식이 남긴 재산을 상속받을 수 없다. 상속 권리는 자동으로 박탈된다.'

상식에 맞고 정의에도 부합하는 이 법안은 2019년 연예인 구하라 사건을 계기로 발의되었지만 20대 국회를 통과하지 못했다.

왜 그랬을까?

'기여분 제도 확대 등 다른 방법으로 가능하다.'
'부모는 자식을 낳아준 것만으로도 상속인 자격이 있다.'
'구체적 타당성보다는 법적 안정성이 더 중요하다.'
'구하라 법은 법적 안정성을 해치기 때문에 허용할 수 없다.'

법적 안정성은 모르겠고, 우리 멘탈 안정성이 걱정이다.

구하라 법을
구하라

085

'구하라 법'은 2021년에야 다음과 같은 내용으로 겨우 국무
회의를 통과했다.

'미성년 자녀를 돌보지 않은 부모는, 죽은 자식이 남긴 재산
을 상속받을 수 없다. 상속 권리는 자동으로 ~~박탈된다~~ 박탈되지
않는다. 자녀가 부모를 상대로 재판을 걸어 승소해야 박탈된다.'[1]

이 법안에 따르면 사망한 A는,

① 자신의 죽음을, 죽기 전에 예견해야 한다.

---

1 '부모가 미성년 자녀에 대한 부양의무를 중대하게 위반한 경우 피상속인이 부모를 상대
  로 가정법원에 상속권 상실 청구 소송을 제기할 수 있다.'

② 증오하는 생모를 상대로 소송을 제기해야 한다.

③ 생모와 법정에서 돈을 두고 싸워야 할 수도 있다.

이런 걸 상식은 '2차 가해'라고 말한다.

악법을 조금만 바꾸면 악법일까, 아닐까?

진정한
지식인의 삶

소크라테스가 순순히 사형을 당한 이유는 말과 행동이 일치하는 지식인이어서다. 당시엔 돈으로 탈옥이 가능했다. 기꺼이 돈을 내주겠다는 친구들도 있었다. 그에게 왜 탈옥하지 않느냐며 꾸짖기도 했다.

"애당초 아들 삼형제를 낳지 말든지. 일단 낳았으면 양육하고 교육시키는 노고를 다해야 할 것 아닌가? 그냥 독배를 마시고 죽는 건 무책임한 것 아닌가?"[1]

보수건 진보건 자식 일이라면 위법, 편법, 탈법, 불법을 서슴지 않는 요즘 사람들과 달리 소크라테스는 요지부동이었다.

---

1   플라톤, 《크리톤》, 45d.

악법도 법이니 지키려는 것이 아니었다. 법치주의 화신이 되려는 것도 아니었다. 탈옥은 정의롭지 못하기에 거부했고 순순히 죽음을 받아들였다.[2] 잘못을 잘못으로 갚고 악을 악으로 갚는 건 창피한 일이라 여겼다.

죽음을 피하는 것이 어려운 게 아니라 비열함을 피하는 것이 훨씬 더 어렵다. 죽음보다 비열함이 더 발 빠르기 때문에.[3]

2   악법에 대한 항의, 기득권층에 의한 사법살인을 역사에 남기기 위해 죽었다는 해석도 있다.

3   플라톤, 《소크라테스의 변론》, 39b.

너 자신을
알라

087

소크라테스가 말했다.

"너 자신을 알라."

말은 했겠지만 소크라테스가 처음 한 말은 아니다. 당시 그리스 사회에서는 상식으로 통용되던 말이었다. 무슨 뜻일까?

"한계를 알고 교만하지 마라."
"죽을 수밖에 없는 존재임을 알고 겸손하라."

하지만 소크라테스는 다른 뜻으로 말했다.

너 자신을 알라 = 네 영혼을 알라[1]

무슨 뜻일까?

"부나 명예에 집착하지 말고 네 영혼의 성장에 관심을 가져라."[2]

---

1   소크라테스 이전 그리스어에는 '영혼'에 해당하는 단어가 없었다. 영혼으로 해석되는
     '프쉬케ψυχń psyche'가 당시에는 '고유한 기능을 가진 기관' 정도로 이해되었다. 자세한
     논의는 다음 책을 참고할 것. 브루노 스넬,《정신의 발견》, 김재홍 역, 까치, 1994, 1장 호
     메로스의 인간 이해.
     피타고라스는 영혼 윤회와 불멸을 믿었으나 그가 말하는 영혼이 무엇인지에 관해서는
     남아있는 기록이 적고 일관성도 부족하다. 그를 따르는 피타고라스주의자 중 일부는 영
     혼이 공기 중에 있는 작은 조각이라 했고, 다른 일부는 우리 눈에 보이지 않는 순수 물질
     인 에테르라고 했다. 데모크리토스는 영혼을 육체 속의 육체, 불의 원자, 육체를 움직이
     는 힘이라 봤다.
     우리가 현재 사용하고 있는 '영혼'은 소크라테스가 최초로 개념을 정립했고 이후 기독
     교를 통해 서양인에게 퍼져 우리에게까지 왔다.
2   플라톤,《소크라테스의 변론》, 29d.

쇠파리와
목탁

088

소크라테스는 왜 그렇게 살았을까?

- 사람들이 듣기 싫어하는 말

- 심기를 불편하게 만드는 말

- 비위를 거스르는 말

왜 이런 말만 골라서 하고 다녔을까?

소크라테스가 답한다.

"좋은 유전자를 타고났지만 게으른 말은 반드시 쇠파리[1]가

---

1   가축이나 사람 피부에 알을 낳고 기생하며 피를 빠는 파리. 기독교 성경 〈출애굽기〉 네
    번째 재앙에 등장하는 파리가 쇠파리다.

자극해야 합니다. 나는 신이 여러분에게 보내신 쇠파리입니다. 언제 어디서나 여러분 등에 내려앉아 여러분 하나하나를 설득하고 꾸짖어서 각성하게 하라고 말입니다."[2]

비슷한 시기, 동양에도 비슷한 인물이 있었다.

"하늘은 도덕과 정의가 땅에 떨어진 세상을 깨우칠 목탁[3]으로 공자 선생님을 사용하실 것입니다."[4]

---

2 이어지는 내용이다. "내게 사형 선고를 내리면 나를 대신할 사람을 찾기가 쉽지 않을 것입니다. 나는 신께서 아테네에 내려주신 선물입니다." 플라톤, 《소크라테스의 변론》, 29e.

3 《논어》〈팔일〉. 이 당시 목탁은 나무 손잡이 끝에 종 모양 금속을 부착한 형태였다. 새로운 법령이나 정책을 백성들에게 발표할 때 목탁을 흔들어 백성들을 모은 뒤 알렸다. 그래서 목탁은 백성들을 가르치고 깨우치는 상징물이었다.

4 공자는 노나라에서 법무 관련 고위 공무원으로 근무하다 잘린다. 머리나 식히려고 위나라에 입국한 공자를 위나라 출입국 관리소 책임자가 독대한다. 공자를 심층 인터뷰한 관리가 사람들에게 한 말이다.

가짜
뉴스

소크라테스에게 욕설을 퍼붓던 아내 크산티페가 남편 머리에 구정물을 부어버린다. 소크라테스는 아무렇지 않은 듯 물을 닦으며 이렇게 말한다.

"천둥 뒤에는 폭우가 쏟아지는 법이지."

이 이야기를 근거로 크산티페를 악처惡妻라 규정한다. 크산티페는 정말 악처였을까?

- 못생겼다.
- 부인보다 30년 정도 늙었다.
- 하루에 100원도 벌어오지 않는 경제 무능력자였다.[1]
- 남들이 불편해하는 말만 골라서 하는 아테네 최고 아웃사

이더였다.

- 아들이 셋이고 둘은 아직 어린데, 자식 교육에 무관심했다.

- 다른 집 자식만 가르쳤다. 공짜로.

- 살 길이 있는데도 사약을 마시고 죽었다.

이런 남편을 '견뎌낸' 크산티페가 정말 악처였을까?

크산티페에 관한 이야기는 아리스토파네스의 희곡 〈구름〉에만 나온다. 아리스토파네스는 금수저 출신 극우파로 소크라테스와는 정반대 지점에 선 인물이었다. 크산티페가 악처라는 이야기는 아리스토파네스가 소크라테스를 조롱하기 위해 만들어낸 가짜 뉴스로 보는 게 합리적 추론이다.

서양 대표 악처가 된 크산티페는 인류가 존재하는 한 영원히 조롱받게 되었다. 아비 없는 세 아들을 키우며, 남편 없는 신산한 삶을 이 땅에서 살다 갔을 가련한 여인이 말이다.

가짜 뉴스는 뉴스가 아니다. 가짜 뉴스는 거짓말이다.

---

1   플라톤, 《에우튀프론》, 11c. 소크라테스 아버지 소프로니스코스는 석공이었다. 그는 소크라테스에게 석공 교육을 시켰다.

7현인이
말했다

소크라테스가 태어나기 수십 년 전 어느 날, 그리스 최고 두뇌 일곱 명이 아폴론을 숭배하는 델포이 신전 앞에 모여 난상 토론을 벌였다. 그렇게 해서 도출한 최고의 문장 두 개를 아폴론 신에게 바쳤다.

너 자신을 알라

과유불급 過猶不及[1]

7현인이 말했다.[2]

---

1 플라톤, 《프로타고라스》, 343b. 원문은 '무엇이든 지나치지 말라' 정도로 번역되지만 뜻을 분명하게 살리기 위해 필자가 과유불급 過猶不及(지나친 것은 모자란 것보다 못함)으로 번역했다.

2 클레오불로스, 킬론, 페리안드로스는 기록물에 따라 다른 사람으로 대체되기도 한다.

"보증, 그 곁에 재앙."_탈레스

"때를 분별하라."_피타코스

"사람들은 대부분 나쁘다."_비아스

"고귀한 성품을 가져라."_솔론

"입을 닫고 귀를 열어라."_클레오불로스

"네 혀가 네 생각보다 앞서 달리게 하지 마라."_킬론

"이득은 부끄러운 것이다."_페리안드로스

외모의

중요성

비아스가
말했다

7현인 중 한 명인 비아스가 말했다.

"거울을 볼 때 아름답게 보이거든 언행도 아름다워야 한다."

언행일치
연예인

할리우드 배우 오드리 헵번Audrey Kathleen Hepburn[1]은 '최고 미녀, 미의 화신化身'이라 불렸다. 그런데도 정작 헵번 자신은 거울을 볼 때마다 외모 콤플렉스에 시달렸다고 한다. 시대의 미녀가 콤플렉스를 운운하다니. 평범한 사람 입장에서는 짜증나는 소리다.

헵번은 연기력이 뛰어나 굵직한 상은 다 받았고[2] 1953년 영화 〈로마의 휴일〉이 전 세계 흥행에 성공하면서 '만인의 연인'으로 사랑받았다.

당시에는 존경까지는 받지 못했다. 하지만 헵번은 1980년대 후반부터 유니세프UNICEF 친선 대사로 활동하면서 가난한 제3세계 아이들을 돌보기 시작했다. 대장암 투병을 하고 있었던 1992

---

1 1929~1993.

2 에미상(TV), 그래미상(음악), 토니상(연극), 아카데미상(영화).

년에도 소말리아를 방문해 아이들을 돌봤다.

헵번이 기아로 죽어가는 아프리카 아이들을 끌어안고 눈물 흘리는 모습을 본 사람들은 그녀에게서 '진정한 아름다움'을 발견했고 존경하기 시작했다. 외모와 말과 행동이 일치할 때, 사람들은 그걸 기가 막히게 알아챈다.

오드리 헵번은
한 명이다

오드리 헵번이 무명 배우일 때 할리우드를 주름잡던 최고 여배우는 캐서린 헵번Katharine Houghton Hepburn이었다.[1] 그래서 지인들이 오드리 헵번에게 개명改名을 권하자 한 말이다.

"오드리 헵번은 한 명밖에 없어요."

---

1 1907~2003. 아카데미 여우주연상을 네 번이나 수상했다. 그녀가 사망할 때 미국 대통령이던 조지 W. 부시의 말이다. "그녀는 미국 예술이 낳은 보물 중 하나로 기억될 것이다."

베토벤도
한 명이다

베토벤도 오드리 헵번과 비슷한 말을 했다.

"귀족 지위는 아빠 찬스지만 내 지위는 내가 만들었다. 귀족
은 수천 명이지만 베토벤은 하나밖에 없다."[1]

---

1 백작 리히노프스키Lichnowsky에게 한 말이다. 모차르트를 후원하기도 했던 리히노프스
   키는 베토벤을 물심양면 도왔다. 그래서 베토벤은 피아노 소나타 〈비창〉을 그에게 헌정
   했다. 하지만 사소한 일로 빈정 상한 베토벤은 리히노프스키에게 위와 같은 무례한 말
   을, 말 그대로, 던졌다.

스스로 만든
재능

프랑스 남부 도시 아를은 지중해 연안에 위치해 겨울에도 날씨가 포근하다. 제주와 비슷하다면 이해가 쉽겠다. 게다가 유럽에서도 손꼽히는 햇살 맛집이다.

이쯤에서 고흐를 떠올렸다면 당신은 대단한 사람이다. 브뤼셀, 헤이그, 안트웨르픈, 파리 등 혼잡한 도시에서 그림을 그렸던 고흐는 새로운 '빛과 색'을 찾아 1888년 2월 20일에 눈 덮인 아를로 이주했는데, 더할 나위 없이 좋았단다.

"아를 하늘은 믿을 수 없이 파랗고 창백한 태양은 유황빛으로 반짝인다. 매혹적인 파랑과 노랑 조합은 천상에서나 볼 수 있는 풍경이다."[1]

---

1   1888년 9월 17일. 동생 테오에게 보낸 편지 내용 중 일부다.

여름 땡볕도 그저 좋았다.

"그늘이라곤 하나 없는 한낮 밀밭에서 그림 그리는 게 즐겁다. 10년 전에 왔더라면 얼마나 좋았을까."[2]

1888년 내내 그림을 200~300점이나 그릴만큼 노력했고, 미대 신입생 수준이던 초기 작품과는 비교할 수 없는 경이로운 화풍을 아를에서 완성했다.[3] 그 유명한 〈밤의 카페 테라스〉의 배경이 된 카페도 아를에 있다.[4]

모차르트는 하늘이 내린 재능이고, 베토벤은 스스로 만든 재능이라고 한다.[5] 고흐 역시 베토벤처럼 스스로 만든 재능이었다.

---

2 1888년 6월 18일. 친구 베르나르에게 보낸 편지 내용 중 일부다. 뜨거운 태양 아래 모자도 안 쓰고 작업해서 정신병에 걸렸다는 주장이 있다.

3 〈씨 뿌리는 사람〉(1888.6), 〈별이 빛나는 밤〉(1888.9), 〈꽃병에 꽂힌 열두 송이 해바라기〉(1888.8), 〈아를에 있는 침실〉(1888.10), 〈붉은 포도밭〉(1888.11).

4 지금도 영업 중인데 후기는 '맛없다'가 대세.

5 베토벤은 당대부터 지금까지 누구나 인정하는 '천재'다. 다만 '영감형 천재'가 아니라 '재능형 천재'였다. 노력해야 결실을 맺는 천재. 베토벤이 친구에게 보낸 편지 구절이다. "하루도 빠짐없이 곡을 쓰는 것. 그게 내 신조다."

고흐를 미워한
아를

고흐는 아들을 사랑했지만 아들은 고흐에게 아픔이기도 했다. 화가 공동체를 꿈꾸며 같이 생활하던 고갱과 크게 다툰 후제 귓불을 잘라낸 곳이 바로 아들이다.[1] 이 일로 2주간 입원한 곳은 아들에 있는 정신병원이었다. 게다가 미치광이와는 같이 살수 없다며 시청과 경찰에 항의해 퇴원한 고흐를 다시 강제 입원시킨 것은 아들 주민 100여 명이었다.

고흐에겐 애愛와 증憎이 얽히며 흐르는 아들. 이웃들이 비난하는 생활을 버틸 수 없다고 판단한 그는 1889년 5월 8일에 아들에서의 생활을 접고 생레미로 떠난다.

---

1 1888년 12월 23일에 일어난 사건이다. 귀가 아니라 귓불을 잘랐다. 하지만 당시 고흐를 치료한 의사 펠릭스 레 박사가 지인에게 보낸 편지에 따르면 귓불만 남기고 다 잘랐단 다. 프랑스 신문 〈르 피가로〉는 고갱이 펜싱 검으로 고흐 귀를 잘랐고, 고흐가 고갱을 감싸기 위해 스스로 한 행위라 말했다고 보도했다.

그런데 아를, 앞에서 한 번 본 것 같다.

맞다. 칼망은 평생 아를에 살았고, 고흐가 아를에 거주할 땐 10대 소녀였다. 그렇다면 칼망은 고흐와 길에서라도 우연히 마주치지 않았을까?

097

칼망과
고흐

만났다.

1888년 어느 날, 고흐는 캔버스를 사러 아를 시내 화방에 갔다. 그곳에 열세 살 소녀 칼망이 있었다.[1]

칼망은 당시의 고흐를 이렇게 평가했다.

"지독하게 못생겼다."

만남 이후 100년쯤 지나 BBC 방송과 한 인터뷰라 칼망의 기억이 왜곡되었을 수 있지만 아를 이전에도 고흐에 대한 평가는

---

1 친척 소유 화방에서였다. 〈뉴욕타임스〉는 아버지 소유라고 보도했다. 칼망의 친할아버지와 칼망 남편의 친할아버지가 형제였고, 칼망의 친할머니와 칼망 남편의 친할머니도 자매였다. 그래서 이 집안은 촌수가 헷갈린다.

'누더기 차림의 부랑자'였다. 게다가 고흐는 술보다는 독에 가까운 압생트[2] 중독자였다.

칼망이 여러 매체와 나눈 인터뷰에서 고흐에 대해 한 말들을 모두 모으면 이렇다.

- 매우 못생겼다.
- 단정하지 못했다.
- 몸에서 심한 냄새가 났다.
- 행동이 무례했다.
- 술에 절어 있었고 병자처럼 보였다.
- 보기만 해도 불쾌하고 끔찍했다.[3]

좀 과한 평가다. 왜 그럴까?

아를에서 고흐는 그림을 전혀 팔지 못했다. 교양 있고 부유한 데다 화방까지 운영했던 칼망 가문이었지만 고흐 그림에는

---

2   알코올 도수 70도의 술. 싸고 독해 금방 취할 수 있어 가난한 사람들이 선호했다. 당시 압생트에는 경련 유인제가 극소량 들어있어서 측두엽 뇌전증을 일으킬 수 있었다. 고흐가 망상과 발작을 일으킨 것이 압생트 때문이라고 주장하는 법의학자들이 있다. 영국에서는 '진'이라는 술이 비슷한 역할을 했다. 압생트와 진은 힘겨운 삶을 살아가던 사람들에게 버팀목 역할을 했다. 그 버팀목은, 한 방에 무너지는 삶을 붙들어 서서히 무너지도록 유도했다.

3   dirty, disagreeable, very ugly, ugly as sin, awful character, ungracious, impolite, sick, ugly and dishevelled. 지역 주민들이 그를 '들개dingo'라고 부르기도 했단다.

전혀 관심이 없었다. 몇 점, 아니 한 점만 사두었더라면 칼망은 노후에 돈 걱정은 하지 않았을 텐데.

횡재를 놓친 아쉬움이 고흐에 대한 박한 평가로 이어지지는 않았을까?[4]

---

4 칼망의 출생증명서 등 아를 시市 공문서 기록은 고흐가 치료받았던 정신병원 건물에 보관되어 있다. 이것도 인연이라면 인연이다.

세종대왕의
며느리 조건

세종대왕이 며느리를 뽑을 때 필수 자격으로 꼽은 것은 무엇일까? 복수 정답도 가능하다.

- 명문가 출신
- 훌륭한 인성
- 아름다운 외모

셋 다 요구했다.

집안 좋고 인성도 좋은데 예쁘지 않으면?

탈락, 이라고 신하들에게 공식적으로 선포했다.[1] 명문가 출신은 기본 조건이고 인성은 살아봐야 아는 것. 따라서 외모가 결정적이었다.

'세종대왕 할아버지, 좀 깬다'고 평가하기 전에 빨리 다음 장으로 넘어가시길.

호박같이 생긴
승무원

"저렇게 호박같이 생긴 애한테 왜 서비스를 시키냐?"[1]

"외모가 뛰어나지 않으면 인정받기 어려운 세상이 되었다."

결이 같지만 두 문장 사이 간격은 2500년이다. 전자前者는 출발하던 비행기도 후진시키는 막강한 가문의 딸, 후자後者는 공자 말씀이다.

---

1   2015년 1월 12일 언론 보도 내용이다. 사무장이 해당 승무원에게 "가서 사과드려라"라고 했단다. 뭘 사과해야 할까?

198

외모
지적질

"□□□□□ 선생님, 당신 외모가 괴물을 닮았다는 것은 부인 못하시죠?"[1]

"□□□□□ 선생님은 외모나 다른 면에서 사람을 마비시키는 넓적한 전기가오리예요."[2]

□□□□□에 들어갈 사람은 누굴까?

---

1   플라톤, 《향연》, 215b.
2   플라톤, 《메논》, 80a.

흑인
베토벤

정답은 소크라테스다.

신으로부터 세상에서 가장 현명한 자라고 보증서까지 받은 소크라테스조차 외모로는 놀림을 받았다.[1]

베토벤은 작은 키, 큰 머리, 뭉툭한 코, 진한 갈색 피부를 가졌다. 사람들은 그를 깜둥이라 놀렸다.[2] 얼굴에 천연두를 앓아 얽은 자국이 있어 곰보라 부르는 사람도 있었다.

외모 공격 대상은 무차별이다. 외모 공격에 어설프게 대처하면 안 되는 이유다.

---

1 플라톤, 《소크라테스의 변론》, 21a.
2 베토벤하면 떠오르는 멋진 초상화는 사실과 다를 가능성이 매우 높다.

자기
희화[1]

털 다 빠진 붓이지만 버릴 수 없네

나를 장관으로 만들어준 붓이니

내 머리 역시 똑같이 벗겨졌으니

두 노인네 친구처럼 지내면 되겠다[2]

　자신의 외모를 공격하거나 유머 대상으로 삼는 것은 괜찮을 까?

_____

1　戱化, 어떤 사물이나 사람을 우스꽝스럽게 만드는 행위.

2　이규보가 지은 시.

칸트의
주장

인간의 존엄은 두 가지 방식으로 상처 입는다.

타인에 의해서, 자신에 의해서.

인간에겐 두 가지 의무가 있다.

남의 존엄성을 공격하지 않을 의무.
자신의 존엄성을 공격하지 않을 의무.

인간에겐 두 가지 권리가 없다.

남을 함부로 대할 권리.
스스로를 함부로 대할 권리.

고흐의

당부

슬픈
고흐

열세 살의 칼망은, 그럴 수밖에 없었던 고흐의 사정을 이해할 수 있었을까?

"내 외모를 들먹이며 공격하는 사람들이 있는데, 내가 외모에 신경 쓰지 않는 이유는 한마디로 돈이 없기 때문이야."

이런 공부는 슬프다.

"그런데 그게 좋은 면도 있어. 공부에 집중할 수 있는 고독을 보장해주거든."[1]

---

1 1880년 7월, 동생 테오에게 보낸 편지 중에서.

외모 공격이 고약한 건 피해자 스스로 자기 검열을 하게 만든다는 점, 피해자를 가해자로 만든다는 점에 있다.

"타인에게 말을 거는 것이 내게는 고통이다. 그들이 무섭지는 않다. 다만 내가 그들에게 불쾌한 인상을 준다는 사실이 두렵다."[2]

PC Political Correctness[3], 페미니즘, 여혐, 남혐 등 서 있는 위치에 따라 다양한 코멘트가 있겠지만 어쨌든, 고흐가 애처롭다.

고흐는 마음에 차곡차곡 쌓이는 상처를 어떻게 처리했을까?

---

2   1883년에 동생 테오에게 한 고백이다.
3   정치적 올바름.

시는 고민을 풀어 줘, 힘들 땐 붓을 잡곤 했지

술은 가슴을 적셔 줘, 힘들 땐 잔을 들곤 했네

詩能遣悶時拈筆(시능견민시념필)

酒爲澆胸屢擧觥(주위요흉루거굉)[1]

평범하게
살고 싶다

106

밤하늘 반짝이는 별들은 나를 꿈꾸게 한다.

어떻게 하면 저 별에 갈 수 있을까.

살아서는 별에 갈 수 없다.

죽어야 한다.

그런 면에서 콜레라, 암 등은

별로 가는 기차인지도 모른다.

늙어서 평화롭게 죽는다는 건

별까지 걸어가는 것이다.[1]

고흐의 고백이다.

별을 동경했던 고흐는 '평화롭게 죽어' 별까지 걸어가고 싶

---

1   1888년 6월, 동생 테오에게 보낸 편지 중에서.

었다. 하지만 지금이나 그때나 '죽을 때까지 평화롭기 위해선' 많은 돈이 필요하다. 부유한 삶은 바라지도 않았다. 평범한 삶 언저리에서라도 살려고 노력했다.

　고흐의 소망은 이루어졌을까?

평범하게 사는 게
가장 어려운 세상

이번 생은 망했다고 단정한 젊은이가 하늘로 시선을 돌렸다. 하루 열두 시간을 기도하자 드디어 하늘에서 음성이 들린다.

"네 소원이 무엇이냐?"

"부유한 삶은 바라지도 않습니다. 그저 의식주가 넉넉히 해결되어 캠핑이나 다니며 살고 싶습니다."

젊은이의 소원은 이루어졌을까? 하늘에서 내린 음성이다.

"그게 바로 내가 원하는 삶이다. 이 녀석아."[1]

1　허균이 《한정록》에서 소개한 중국 일화다. 예나 지금이나 평범하게 사는 것이 가장 특별한 일이다.

고흐의
당부

    고흐에겐 평범한 삶이 유토피아처럼 손에 잡히지 않았다. 여러 직업을 전전하다 전업 작가가 된 1879년 이후 죽을 때까지 고흐가 그림으로 벌어들인 돈은 후하게 잡아도 500만 원 미만이었다.

    1890년 브뤼셀 20인 전에 출품한 유화 여섯 점 중 〈붉은 포도밭〉을 400프랑에 판 것이 유일했다는 말이 있지만 아니다. 유화만 한 점 팔았다는 말이고, 헤이그 풍경을 담은 스케치 열두 점을 화상畵商이던 삼촌에게 20길더를 받고 팔았다.

    가난을 벗기 위해 고흐도 노력했다. 거의 유일한 친구였던 라파르트에게 "다시 한 번 부탁하네. 내 작품을 가능하면 많은 사람들에게 보여주게"라고 아쉬운 소리를 할 정도로.[1]

---

1   1884년 4월. 친구 라파르트에게 보낸 편지 중에서.

일종의 판매 대리인이던 동생 테오에겐 강하게 채근도 했다.

"넌 내 그림을 아직 단 한 점도 팔지 못했잖아. 많고 적은 게 문제가 아니라 사실 팔려는 노력도 하지 않은 게 아니냐?"[2]

하지만 편지 마지막엔 부드럽게 당부를 하며 끝냈다.

"우리가 이미 많은 돈을 이 빌어먹을 그림에 쏟아부었으니, 그동안 들어간 돈을 회수해야 한다는 걸 잊지 말자."[3]

---

2   1884년 3월, 동생 테오에게 보낸 편지 중에서.

3   1888년 5월, 동생 테오에게 보낸 편지 중에서.

이제
그만

모델료를 지불할 수 없었던 고흐는 1887년 가을부터 인물화를 그리는 것을 포기한다. 대신 좋은 거울을 구입했다. 그의 그림에 자화상이 많은 이유다. 개신교 목사 아들로 태어나 전도사 생활을 하며 복음을 전하기도 했던 고흐는 미술이 가진 사회적이고 종교적인 소명을 믿었다. 예술로 사람들을 어루만지고 싶었다. 하지만 자신을 옥죄는 가난은 그의 영혼을 갉아먹었다.

"가난과 불우한 환경은 사람을 죄수로 만든다."

1890년 7월 27일 고흐는 자신의 가슴에 총을 쐈고, 7월 29일 새벽에 동생 품에 안겨 사망했다. 그가 남긴 마지막 말이다.

"이제 모든 것이 끝났으면 좋겠다."

무덤 가는
길

근심으로 한 평생을 채우느라

달 한 번 제대로 보지 못했네

이제부턴 질리도록 마주 볼테니

무덤가는 이 길도 나쁘지만은 않군[1]

죽음을 대하는 고흐 캐릭터에 딱 맞는 한시漢詩다.

---

1 조선 후기 문신 이양연李亮淵(1771~1853)의 시다. 이분은 다음 시로 유명하다.

踏雪野中去 不須胡亂行(답설야중거 불수호난행)
今日我行蹟 遂作後人程(금일아행적 수작후인정)
눈 덮인 들판을 걸어갈 때 함부로 걷지 마라
오늘 걷는 내 발자국이 뒷사람의 이정표가 된다

이 시는 오랫동안 서산대사 작품으로 오해받았다.

고흐, 그림자,
그리고 달

111

꽃 밑에서 술 한 병 놓고

친구 하나 없이 홀로 마시네

잔을 들어 밝은 달님 맞이하니

그림자 덕분에 세 사람이 되었네[1]

달은 본래 술 마실 줄 모르고

그림자는 그저 내 행동을 따를 뿐

잠시 달과 그림자를 벗하노니

봄날을 맞아 마음껏 즐기네

---

1   달, 본인, 본인 그림자.

내가 노래하면 달이 배회하고

내가 춤추면 그림자가 어지럽네

깨어 있을 때 함께 서로 즐기지만

취한 후에는 각기 서로 흩어지네

속세 떠난 맑은 사귐 길이 맺고자

멀리 은하에서 만날 날을 기약하네[2]

---

2   이백(701~762)이 쓴 시.

가난한
이유

혹시 고흐는 노력이 부족해 가난하지 않았을까?

빅토리아 시대[1] 영국인들이 가난을 그렇게 봤다. 비슷한 시기 미국에선 가난을 '개인의 악습이 불러온 결과'라고 보기도 했다. 무력한 가난(고령, 질병 등)과 유능한 가난(게으름 등)으로 나누기도 했다.

요즘 한국 청년들도 그런 생각인 모양이다. 상식에 맞고 일리도 있다.

다른 의견은 없을까?

---

1 1837년부터 1901년까지 영국 빅토리아 여왕이 다스렸던 시대. 영국이 세계 최강 국가였던 시기다.

노력도
세습된다

1. 노력은 능력이다.

    병 때문에, 장애 때문에, 나이가 많아서 노력 자체가 어려운 사람들이 있다.

2. 노력은 계층이다.

    '어릴 때 가난하게 자란 사람들은 성인이 되어서도 충동억제 능력이 부족한 경우가 많다'는 심리학 연구 결과가 있다.[1] 1990년대 이후 출생자들은 그 강도가 더 심하다고 한다.

---

1   영국 데이비드 바커David Baker 박사는 태아기나 유년기에 영양이 부실하면 커서 가난하게 산다는 연구 결과를 1990년대에 발표했다. 〈영국의학학회지〉가 그를 기려 '바커 가설'이라 부르는데 상당한 호응을 얻고 있다.

충동 억제 능력이 부족하기에 저축률이 낮다. 목표가 너무 먼 데다 목표를 향해 가는 도중 수없이 실패하기 때문이다. 이 상황이 반복되면 어느 순간부터는 저축 자체를 포기하게 된다. 충동 억제 능력이 부족하면 삶을 향상시킬 수 있는 물건이나 서비스보다는 눈앞 상황에 소비를 집중하는 경향이 있다. 어쨌거나 결과는 악순환하는 가난.

3. 가장 무서운 사실. 노력도 세습된다.

서울대 연구팀이 2005년과 2011년 수능을 치른 고3들을 상대로 '혼자 공부하는 시간[2], 아버지 학력, 부모 소득' 간의 인과관계를 분석했다. 어떤 결과가 나왔을까?

아버지 학력이 높을수록, 부모 소득이 많을수록 '혼자 공부하는 시간'이 늘어났고 성적도 높았다.[3] 그래서 서울대 연구팀이 내린 결론이다.

"노력도 세습이다."

다음은 고흐의 말이다.

---

2 혼자 되새기는 시간이 없으면 성적 향상이 쉽지 않다.
3 미국 수능(SAT)도 비슷하다. 부모 소득이 높을수록 평균 점수도 높다.

"우리는 노력이 통하지 않는 시대에 살고 있는 게 아닐까?

이 시대를 바꾸고 싶지만 인생은 너무 짧고, 시대에 맞설

수 있는 힘은 오래 유지할 수 없다."[4]

---

4 1888년 8월. 동생 테오에게 보낸 편지 중에서.

귤

이야기

고흐와
영조

27명의 조선 왕 중 8명을 추렸다. 공통점이 뭘까?

문종(5대, 1414~1452, 38세)

예종(8대, 1450~1469, 19세)

인종(12대, 1515~1545, 30세)

명종(13대, 1534~1567, 33세)

현종(18대, 1641~1674, 33세)

경종(20대, 1688~1724, 36세)

헌종(24대, 1827~1849, 22세)

철종(25대, 1831~1864, 32세)

아는 게 거의 없다. 이름[1]조차 낯설다. 왜 그럴까?

고흐 말마따나 인생이 너무 짧아서 명성이든 악명이든 인상을 남길 물리적 시간이 부족했기 때문이다. 고흐는 '짧은 인생'을 탄식했지만 그 짧은 것마저 스스로 단축시키는 모순을 범했다.

정반대로 비슷한 인물이 영조다. 영조는 '긴 인생'을 탄식했지만[2] 긴 수명을 더 늘리려 노력하는 모순을 시전했다.

어떻게 노력했을까?

---

1 정확히 말하면 이름이 아니라 죽은 뒤 붙은 묘호廟號다.

2 조선 21대 왕(1694~1776). 재위 1724~1776. 영조는 스스로를 '팔순옹, 구차옹, 지탱옹' 등으로 불렀다. 본인 삶을 비탄한다는 의미다.

프로
건강검진러

1. 영조는 이전 왕들이 한 달에 여섯 번씩 내의원 검진[1]을 받던 관례를 과감히 깨고 열한 번이나 받았다. 52년간 받은 건강검진이 7,284회다.

2. 소식小食. 이전 왕들이 하루 다섯 차례 먹던 식사를 세 번으로 줄였다.

3. 규칙적인 식사. 신하들과 논쟁 중 밥 때가 되면 신하들을 방치하고 혼자 가서 식사했다. 사도세자가 뒤주에서 굶어 죽어갈 때도 식사를 거르지 않았다.

---

1 5일에 한 번씩 여러 검진을 받았다. 망진望診(눈으로 살핌), 문진問診(직접 상태를 물어봄), 맥진脈診(맥박을 짚어봄), 촉진觸診(통증 부위를 만져봄), 타진打診(통증 부위를 두드려 봄).

4. 약물 도움도 받았다. 하루 세 번 인삼복합제품을 먹었다. 얼마나 효과가 흡족했던지 이름도 이중탕理中湯에서 이중건공탕理中建功湯으로 바꿨다.[2]

연로해지면서 건공탕 약효가 예전만큼 신통하지 않자 노화가 아니라 약효를 탓하기도 했다. 하지만 죽기 직전 손자 정조에게 이중건공탕의 공로를 인정한다.

"손자는 내 나이를 아는가? 이제 83세가 다 되어 간다. 아! 예로부터 드물다는 나이에서도 이제 10여 년을 더하게 되었는데 이는 건공탕建功湯으로 지탱한 것이다."[3]

하지만 영조도 오래 산 대가를 지불해야 했다. 영조는 2남 7녀를 낳았는데 영조보다 오래 산 아들은 한 명도 없다. 딸도 네 명이나 죽는 것을 지켜봐야 했다.

---

2   임금 환후患候가 조금 나았다. 임금이 말하기를, "이것은 이중탕의 공功이다. 이중탕 이름을 '이중건공탕'이라고 하사하겠다."《영조실록》, 영조 34년(1758년 12월 21일). 건공은 나라를 위해 공을 세웠다는 뜻이다.

3   《영조실록》, 영조 51년(1775년 12월 7일).

영조가 가진
타이틀

영조는 31세 늦은 나이[1]로 왕위에 올랐지만 52년을 집권해 많은 이야깃거리를 한국사에 남겼다.[2] 다음은 영조가 가진 타이틀이다.

[왕위 보유 기간]

1위: 고구려 장수왕 - 79년[3]

2위: 발해 문왕 - 57년

3위: 신라 진평왕 - 53년

1　27명의 조선 왕 중 10대에 죽은 왕이 1명, 20대에 죽은 왕이 2명, 30대에 죽은 왕이 8명인 것을 감안하면 늦어도 한참 늦은 측위다. 게다가 연산군과 인종은 30세에 죽었다.

2　영조 업적은 대부분 재위 전반부에 몰려 있다. 후반부에 가면 조금씩 이상해진다. 사도세자를 죽인 건 69세 때 일이다.

3　394~491. 재위는 412~491.

4위: 조선 영조 - 52년

[장수]

1위: 고구려 장수왕 - 97세

2위: 조선 영조 - 83세[4]

조선으로 한정하면 왕위 보유 기간 1위, 장수 1위다.

---

4   조선 왕들의 평균 수명은 47세다. 일반 백성은 40세 정도로 추정한다.

귀한 약재로
쓰인 귤

1776년 음력 3월 3일, 여느 때와 같이 오후 업무를 보던 영조에게 나타난 증상이다.

가래, 천식, 어지러움, 헛소리.

살짝살짝 정신을 잃기도 한다. 정조[1]가 울면서 우의정 이은에게 어의御醫[2]를 부르라고 요청했다. 이은이 영조에게 진찰을 받도록 요청했으나 아무런 답이 없다.

어느 순간 영조는 자리에 드러누웠고 정조는 열심히 할아버

---

1 당시는 왕이 아니라 왕세손이었다.
2 궁궐 안에서 왕이나 왕족을 치료하던 사람.

지 손을 주물렀다. 그러는 중에도 영조는 업무 지시를 내렸는데 '헛소리 같았다'고 실록에 기록되어 있다. 아마 혼수상태였던 것 같다. 정조는 강귤차[3]를 대령하게 했고, 이를 몇 모금 마신 영조는 상태가 살짝 좋아지는 듯했으나 다시 몸이 차가워진다.

저녁 7시쯤 어의들이 들어왔다. 왕을 진찰한 어의가 백비탕과 계귤차를 처방했다.

그다음은 다음茶飮[4] 차례. 하지만 영조는 대부분 토해낸다. 정조는 계귤차를 가져오라 말한다.

정조가 울면서 잠시도 쉬지 않고 할아버지 몸을 주무르지만 영조의 손발은 갈수록 차가워진다. 영조를 진찰한 어의가 엎드려 말한다.

"맥이 거의 잡히지 않으니 이제는 달리 쓸 약이 없습니다."[5]

---

3 '강귤다'와 같은 말이다.

4 다음茶飮은 인동차, 강귤차(강귤다), 계귤차(계귤다) 등 차를 가리키는 일반명사였다. 탕약에 비해 복용이 쉽고 맛이 좋아 목이 마를 때 물 대신 마시거나 건강관리용으로 왕실에서 사용했다. 하지만 기본 개념은 치료제라 요즘 차들과 달리 어의 처방을 받고 먹는 것이 보통이었다.

5 "좁쌀 미음을 달여 쓰는 것이 좋을 듯합니다"라고 덧붙이긴 했지만 본인도 별 의미는 없이 한 말이다.

정조는 '종사와 산천에 기도하라'며 현실을 부정하려 했지만 영조는 그즈음, 즉 3월 4일 새벽녘에 사실상 사망한 것으로 보인다.[6]

영조가 생의 마지막 자락을 부여잡고 있을 때 조선 왕실이 투입한 최후 무기는 셋이다.

-백비탕百沸湯: 아침 샘물을 끓이고 식히기를 반복한 물

-강귤차薑橘茶: 잘 말린 귤껍질에 생강을 넣어 끓인 것

-계귤차桂橘茶: 잘 말린 귤껍질에 계피를 넣어 끓인 것

요즘이야 겨울이면 대형마트에 수두룩하게 쌓이는 것이 귤이지만 조선 왕실은 귤을 귀중한 약재로 사용했고, 제사용으로도 썼다.

---

6   종사宗社는 종묘와 사직을 가리킨다. 영조의 공식 사망일은 1776년 3월 5일이다.

쟁반 위
붉은 감

반중盤中 조홍무紅 감이 고와도 보이나다

유자柚子 아니라도 품음직도 하다마는

품어가 반 길이 없을세 글로 설워하나이다

쟁반 위 붉은 감이 참 예쁘구나.

유자처럼 비싸지는 않아도 품속에 넣어 가고 싶구나.

하지만 가지고 가도 기뻐해주실 부모님이 안 계시니 슬프다.

500년 전 인물이지만 수능 국어에 출제된 적이 있어 요즘 학생들과도 친숙한 박인로의 〈조홍시가무紅柿歌〉다.[1] 순수 창작은 아니고 오리지널 스토리가 있다.

---

1 노계 박인로(1561~1642). 〈선상탄〉과 〈누항사〉 등 가사 작품을 많이 남겼다.

귤을
가슴에 품다

박인로는 1500년 전 육적에게서 〈조홍시가〉의 모티브를 얻었다.

중국 오나라 사람 육적이 여섯 살 때 원술袁術 집에 초대를 받았다.[1] 원술이 귤 세 개를 권하자 육적은 먹는 시늉만 하고 품 안에 감춘다.

모임이 끝나고 집으로 갈 때, 원술에게 인사하는 육적의 품 안에서 귤들이 떨어져 데굴데굴 구른다. 기분이 상한 원술이 이유를 묻자 육적이 말한다.

"집에 계신 어머님이 생각나서 몰래 챙겼습니다."

---

1   193년 중국 삼국 시대. 육적은 나중에 손권을 모시는 참모가 된다.

당시 한국이나 중국에선 귤이 세상에서 가장 귀하고 좋은 과일이었다.

'사치, 교만, 음란'이 주 캐릭터[2]인 원술이지만 어린 육적의 말이 마음을 크게 때렸다.

懷橘故事(회귤고사)

陸績懷橘(육적회귤)[3]

懷橘墮地(회귤타지)[4]

이후 사자성어를 양산하면서 '육적'과 '귤'은 효도의 상징으로 등극한다.

---

2 진수(233~297), 《삼국지》 〈육적전〉.

3 육적이 귤을 가슴에 품다.

4 품은 귤이 땅에 떨어지다.

120

정조와 귤

효성이 지극했던 정조는 어머니 혜경궁 홍씨가 아플 때 꼭 귤차를 끓여 올리게 했다. 정조가 어릴 때 지은 〈귤〉이라는 시다.

> 향긋한 귤향은 험한 파도와 바람을 건너왔고
> 진기한 귤 주스는 사람을 장수하게 하리라
> 나이 든 신하들에게 나눠주니 임금 은혜 크다 하고
> 종묘에 올리니 임금 효성 지극하다 말하네
> 옥 같은 과일이 다시 남극성에서 올라오면
> 노인들에게 나누어 맛보게 해야겠다[1]

제주가 아니라 남극성이다. 남극성은 어디일까?

---

1   정조가 세손 때 지은 시 중 일부다. 《홍재전서》에 있는 원문은 두 배쯤 길다.

노인성이

뜨면

한반도에선
보기 힘든 별

한반도에서는 보기 힘든 별이다. 어떤 별일까?

- 태양보다 65배 크고 14,000배 밝다.[1]

- 지구 전체 밤하늘에서 두 번째로 밝게 보이는 별이다.[2]

- 하지만 한반도 육지에선 거의 볼 수 없다.[3]

- 사실상 제주도에서만 보인다.

---

1 지구에서 313광년이나 떨어져 있어 태양보다 어둡게 보인다. 태양은 절대 등급(원래 밝기)이 4.74지만 겉보기 등급(지구에서 보이는 밝기)은 −26.83에 이른다. 절대 등급이든 겉보기 등급이든 숫자가 작을수록 더 밝다.

2 시리우스는 겉보기 등급이 −1.47로 지구 밤하늘에서 가장 밝게 보이는 별이다. 이 별은 −0.72로 두 번째다. 실제로는 이 별이 시리우스보다 밝지만 시리우스가 지구와 더 가까워서(11.3광년) 그렇다. 참고로 태양계 안 행성들은 지구와 워낙 가까워 시리우스보다 더 밝지만 별은 아니다. 달(−12.74~−2.5), 수성(−1.9), 금성(−4.6~3.8), 화성(−2.91~1.8), 목성(−2.94~−1.6). 여기에 나오는 정보는 한국천문연구원 천문우주지식정보 기준이다.

-한라산 남쪽인 서귀포에서만 겨우 볼 수 있다.[4]

-9월 말부터 4월 초 사이 6개월 정도만 볼 수 있다.[5]

-실제론 비, 구름, 해무 때문에 한두 달 정도만 보인다.

희소성으론 갑 중에 갑이다. 이런 별엔 어떤 이름을 지어줄까?

① 어린이별

② 청소년별

③ 젊은이별

④ 노인별

한국과 중국 옛사람들은 이 별을 '노인성老人星'이라 불렀다.[6]
노화는 숨겨야 할 부끄러운 것이고 노인충, 연금충, 틀딱충 등[7]

---

3 적위가 −52도 41분 48초라 북반구 하늘에서는 매우 낮게 뜬다. 북위 34도인 완도와
   33.5도인 제주에서는 낮은 하늘에서 볼 수 있다. 지리산이나 남해안 높은 산에서도 볼
   수 있다. 난징이나 상하이는 제주보다 위도가 낮기 때문에 이론적으로는 더 잘 볼 수 있
   다. 시리우스에서 남쪽으로 내려가면 수평선 위 4도 정도에서 보인다.

4 제주 시에서는 한라산에 가려 보이지 않는다.

5 이 별은 정남쪽 하늘에 잠시 떴다가 사라진다.

6 다른 이름으로는 남극성南極星, 장수별, 목숨별, 수성壽星, 남극노인성, 천남성天南星이 있
   다. 서양에선 카노푸스Canopus라 부른다.

237

나이가 원죄 비슷한 것으로 취급되는 요즘 감각으론 이해하기 힘들지만 옛날은 달랐다. 노인은 그 자체로 존경받았다.

왜 그랬을까?

인생은 짧다. 인생이 짧으니 좋은 일을 할 기회도, 지혜를 키울 기회도, 인격이 완성될 기회도 짧다. 그래서 옛사람들은 '나이 듦'을 찬양했다. 나이가 든다는 것은 완전한 인간으로 한 발짝 더 다가감을 의미했고, 그런 존재이기에 노인은 존경받고 공경받았다.[8] 게다가 장수는 오로지 하늘이 결정하는 일이라 믿었다.

---

7   노인충(노인과 벌레를 합쳐 비하), 연금충(노령 연금으로 생활하는 노인을 비하), 틀딱충(노인이 틀 니를 딱딱거린다고 비하). 2021년 4월 정부청사에서 열린 '제4차 연령통합 세대연대 정책 포럼'에 참석한 김주현 충남대 사회학과 교수에 따르면, 한국은 OECD 15개 나라 중 노인 차별이 두 번째로 심한 나라다.

8   한국과 중국은 정부 차원에서 노인들을 초청해 양로연을 개최했다. 중국은 하상주 시대부터 기록이 있고 한국은 신라 눌지왕(423) 때가 기록상 최초다. 고려와 조선도 정부 차원 양로연을 개최했다.

노인
혐오

122

2021년 국가인권위원회가 '온라인 혐오 표현 인식'을 조사했다. 온라인에서 경험한 적이 있는 혐오 표현 대상은 다음과 같았다.

① 여성(80.4%)

② 특정 지역 출신(76.9%)

③ 페미니스트(76.8%)

④ 노인(72.5%)

⑤ 남성(72.0%)

⑥ 성 소수자(71.5%)

⑦ 장애인(67.0%)

온라인이 아니라 오프라인 공간에서 만나는 혐오 표현 대상은 달랐다.

① 노인(69.2%)
② 특정 지역 출신(68.9%)
③ 여성(67.4%)[1]

혐오 표현은 편견을 고정관념으로 만드는 힘이 있다. 고정관념이 된 편견은 이유가 없어도 작동하고, 차별과 증오로 이어지기도 한다.

늑대: 네가 작년에 내 욕하고 다닌 거 다 알아.
양: 올해 태어났는데요.
늑대: 네가 아니면 네 형이 했나 보지.
양: 외동아들인데요.
늑대: 너희 중 한 놈이 했나보지. 어쨌든 난 복수해야 해.[2]

1　페미니스트, 장애인, 성 소수자 모두 60%를 웃돌았다.
2　라 퐁텐 우화.

고정
관념

사계절은 왜 생길까?

태양에서 멀어지면 겨울이고 가까워지면 여름, 이라고 하버드대 졸업생 80%가 말했단다.

틀렸다. 하버드대 출신이 말하면 다 맞을 거라는 건 고정관념이다. 사계절은 지구 자전축이 23.5도 기울어서 공전하기 때문에 생긴다.[1]

---

1 지구 자전축은 지구가 자전할 때 기준이 되는 고정된 축이다. 북극과 지구 중심, 남극을 일직선으로 연결한다. 물론 볼 수는 없다. 이 자전축은 지구 공전 궤도에 대해 23.5도 기울어 있다. 지구는 (북반구 기준) 겨울에 태양으로 다가가고 여름에는 멀어진다. 하지만 지구와 태양 사이 거리에 비하면 미미한 정도라 지구에 거의 영향을 미치지 못한다. 자전축이 기울어서 공전하는 바람에 지구상 동일한 장소도 햇빛이 비치는 각도가 늘 변한다. 그게 계절이 생기는 이유다.

북극성은
없다

지구 자전축을 우주로 길게, 아주 길게 연장하되 우리 시야가 미치는 지점까지 연장하면 천구天球 북극과 천구 남극이 된다. 천구 북극에 있는 별이 북극성이고 천구 남극에 있는 별은 남극성이다.[1]

북극성(과 남극성)은 지구 자전축 연장선에 있기 때문에 지구에서 볼 때 전혀 회전하지 않는다. 하지만 다른 모든 별은 북극성(과 남극성)을 중심으로 하루에 한 번 도는 것처럼 (지구에서) 보인다.[2]

---

1 별은 지구에서 똑같은 거리에, 거대한 공 안쪽 표면에 붙어 있는 것처럼 보인다. 이처럼 우리 눈에 둥글게 보이는 하늘을 천구라 부른다.

2 별이 도는 건 아니다. 지구가 자전축을 중심으로 하루 한 번 회전하기 때문에 별이 도는 것처럼 보인다. 북극성을 올려다 본 각이 그 자리 위도가 된다. 제주 성산일출봉에서 북극성을 올려다 본 각이 33.5도쯤 되는데, 그게 성산일출봉 위도다.

아쉽게도 '진짜' 북극성은 없다. 북극성이 있어야 할 자리에 공교롭게도 별이 없기 때문이다.[3] 그래서 북극성이 있어야 할 자리에서 가장 가깝고 밝은 별을 골라 북극성이라 부르고 있다.

현재 우리가 북극성이라고 부르는 별은 폴라리스(작은곰자리 알파별)다. 실제 북극성 자리에서 1도 정도 떨어져 있어, 얘도 돈다. 돌기는 돌되 별 중 가장 작게 돈다.

북극성은 지구에서 433광년 정도 떨어져 있다. 그래서 요즘 우리가 보는 북극성은 사실 임진왜란 무렵 모습이다.[4] 433년을 날아와 우리 눈에 들어온 빛이다.

당나라 때 중국은 폴라리스와 주변 네 개 별을 모아 '북극 5성좌'로 묶었다. 중국 국기(오성홍기)에 큰 별 하나와 보좌하는 별 네 개가 들어있는 이유다.

---

3   물론 더 뒤로 가면 별들이 있을 가능성도 있다. 하지만 어차피 우리 눈에 보이지 않으니 의미가 없다.

4   지구 자전축은 태양과 달이 지구에 가하는 인력 때문에 조금씩 흔들린다. 천구 별자리를 기준으로 26000년에 한 번 회전하는 세차운동을 한다. 때문에 북극성 주인공도 변한다. B.C. 12000년엔 거문고자리 베가(직녀성)가 북극성이었다. B.C. 1500년에서 A.D. 500년까지는 코카브가 북극성이었고 이후 폴라리스가 북극성이 되었다. 12000년 후엔 다시 베가가 북극성이 된다.

왕이 남쪽을 보는
이유

천구 북극에 있진 않지만 있다고 믿었던(혹은 믿고 싶어 했던) 북극성. 신적 존재로 추앙받는다.[1]

공자는 말한다.

> 제자리에 있는 북극성을 다른 별들이 떠받들며 도는 것처럼, 군주가 덕으로 정치하면 백성들이 군주를 둘러싸고 떠받든다.[2]

---

1 현대 종교학에서 아이돌쯤으로 추앙받는 루마니아 출신 종교학자 엘리아데Mircea Eliade 는 《성聖과 속俗》에서 이렇게 말했다. "하늘은 무한히 높다. 무한히 높은 것은 그 자체로 초월에 속한다. 무한히 높은 것은 저절로 신성神聖을 지닌다. 거기에는 신들이 거주한다."

2 《논어》〈위정〉. 원문에는 북진성이라 나온다. 북극성과 같은 말이다.

서양은 태양을 우주 중심으로 간주했지만 중국은 북극성을 우주 중심으로 삼았다. 북극성이 왕에게 권위를 준다고 믿었다. 그래서 '북쪽'은 특별한 방향이 되었다.

하늘의 북쪽 - 북극성이 거주하는 곳

지상의 북쪽 - 군주가 거주하는 곳

북쪽에 거주하는 군주는 남쪽을 바라본다.[3] 이걸 '군주 남면南面 사상'이라 한다.

---

3 북극점에 서 있으면 모든 방향이 다 남쪽이다.

공북
사상

전라도를 동서로 양분하면 해남은 전라도 왼쪽, 여수는 오른쪽에 위치한다. 그러면 해남 일대는 전라'좌'도일까 전라'우'도일까?

왼쪽이니 당연히 전라좌도겠지, 라는 건 요즘 지리 기준이다. 북쪽에 떡하니 앉은 왕이 볼 때 해남은 오른쪽, 그래서 전라우도다.

왕이 볼 때 왼쪽인 여수는 전라좌도. 이순신 장군이 한때 전라좌도 수군절도사였다. 본부인 전라좌수영이 여수에 있었다.

북쪽에 앉은 군주가 남쪽을 바라본다면, 백성들은 북쪽에 있는 군주를 바라본다. 이를 '공북拱北 사상'이라 부른다.

한양 도성 설계에 공북 사상이 숨어 있다. 6조 관청[1]들이 경복궁 남쪽에서 왕을 떠받들게 설계되었다. 청주 공북루, 전주부성 공북루, 공주 공산성 북문, 고창읍성 북문 등 전국 곳곳에 '공북'루가 포진해 있는 이유다.

'하늘에서 이루어진 것이 땅에서도 이루어진다.'

옛사람들이 생각했던 우주와 인간 세계의 관계다.

.

---

1   조선 시대 중앙 관청. 여섯 개 조직(이, 호, 예, 병, 형, 공)으로 나뉜다.

노인성이 뜨면
장수한다

북극성에 특별한 의미를 부여했던 옛사람들은 남쪽 하늘도 주목했다. 하지만 지평선에 가려 남극성을 볼 수는 없다. 차선책으로 노인성에 주목했다. 노인성에 대한 최초 기록은 사마천이 쓴 《사기》다.

'천랑성天狼星(시리우스) 근처에 큰 별이 있어 남극노인성이라 한다. 노인성이 출현하면 세상이 평안하고, 노인성이 출현하지 않으면 전쟁이 터진다.'[1]

---

1   《사기》〈천관서〉. 우리나라 기록은 한참 뒤다. 《삼국사기》〈신라본기〉, 경순왕 8년(934), "가을에 노인성이 나타났다."
    노인성은 고구려 고분벽화에 밝고 큰 그림으로 묘사되어 있다.

1000년쯤 지나자 진시황 후예들이 노인성 해석학에 숟가락을 살짝 올린다.[2]

'노인성이 뜨면 임금이 장수한다.'[3]

하지만 사람들은, 중국이건 한국이건, 노인성을 임금 전용으로 남겨두지 않았다. 일반인 수명까지도 노인성이 보살펴준다고 믿(고 싶)었다.

'제주는 노인성을 볼 수 있는 곳이기에 100세 넘는 노인이 많다고들 한다.'[4]
'갑작스럽게 노인성이 어두워졌구나.'[5]

한양 양반들 위시리스트[6] 중 하나는 제주에 가서 노인성을 보는 것이었다. 1601년 선조가 내린 특명을 받고 제주로 가는 김

---

2 당나라 초기 방현령이 기록한 《진서》 〈천문지〉.

3 그래서 제주 목사 3대 임무가 진상품인 전복과 귤 관리, 그리고 노인성 관측이었다. 세종대왕이 역관譯官 윤사웅을 한라산에 보내 노인성을 관측하게 했지만 구름 때문에 실패했다는 기록이 있다.

4 이규경(1788~1856), 《오주연문장전산고》.

5 조선 중기 예학 대가 김장생(1548~1631)이 죽자 김상용이 지은 만사輓詞(죽은 사람을 애도하는 글)에서 인용했다.

상헌에게 신흠이 보낸 글이다.[7]

신령한 바다거북이 떠받치는 한라산[8]
험한 바다를 뚫고 하늘로 솟았다.
남으로는 노인성이 보이고 동으로는 봉래산[9]을 끌어당긴다.
서울로 복귀하는 날, 그대는 칼망 모습이리라.[10]

수치가 있어야 그럴듯한 법, 노인성을 세 번 보면 100세까지 장수한다는 믿음도 생겨났다. 그런데 세 번은커녕 한 번 보기도 쉽지 않다. 어두울 때 한라산 중턱에 가 있는 것조차 힘든 일이었다. 그러자 사람들은 한 번 더 노인성을 변화시키는 집단 지성을 발휘한다.

---

6 갖고 싶거나 하고 싶은 일을 적은 목록. 조선 사대부들이 제주를 대하는 태도는 양가적이었다. 진시황이 보낸 서불이 불로초를 찾으러 왔고(서불이 서쪽으로 돌아갔다고 해서 서귀포), 백록(전설 속 흰 사슴 또는 노루)을 탄 신선들이 살고 있으며, 은하수를 품은 한라산이 있는 신성한 곳. 하지만 유배인들이 갇혀 사는 지옥 같은 섬.

7 선조 34년(1601) 제주에서 역모 사건이 발생해 많은 사람이 죽었다. 정부는 흉흉한 제주 민심을 위로하기 위해 김상헌(1570~1652)을 안무 어사로 파견했다. 김상헌은 병자호란 (1636) 때 강화조약을 반대했고, 중국 심양으로 압송된다.

8 '은하수를 당겨서 품을 수 있을 만큼 높은 산'이라는 뜻이다.

9 불로초가 세 잎 클로버만큼 흔한 전설의 산이다.

10 원문을 많이 줄이고 의역했다.

'하늘에서 빛나는 노인성이 땅을 비춘다.'[11]

　바라보는 것도 힘드니 아예 제주를 노인성 아우라가 충만한 장場으로 변화시킨 것이다.[12] 그래도 문제는 해결되지 않는다. 제주도에 가기만 하면 노인성 정기를 자동으로 받을 수 있다고까지 이론을 발전시켰지만 그 시절, 제주에 가는 것 자체가 힘든 일이었다.

　'수평선이 하늘과 연결된 큰 바다를 조그만 쪽배로 건너가는 것은 삶과 죽음 사이 외줄을 타는 것입니다.'[13]

　장수하려고 떠났다가 그나마 있는 목숨마저 날려버릴 판이다. 다른 해결책이 있을까?

---

11 《정조실록》 정조 17년(1793년 11월 24일). "내가 듣건대 제주 백성들이 근검하고 순박하여 즐기면서도 늘 자신을 경계하는 예스런 풍속을 다른 고을은 따라갈 수 없는 점이 있다고 한다. 노인성이 땅을 비치고 하늘에 빛나 얼굴이 누르고 등이 굽은 노인들이 마을마다 부축을 받으며 술에 취하여 북두칠성을 바라보고 서울을 향해 앞을 다투어 장수를 기원하는 동시에, 자제들에게는 관장官長을 잘 섬기고 부역에 종사하며 명령을 수행하여 마치 자신의 머리나 눈을 감싸듯 보호하라고 훈계한다고 하며, 선비와 무사와 아전들은 제각기 자기 일을 익히고 농부·어부·장인·상인들도 각각 자기들의 직업에 만족을 느낀다고 하니 그곳 풍속이 참으로 좋다고 하겠다."

12 중력장, 전자기장 등을 생각하면 되겠다.

13 1849년 헌종이 허소치와 나눈 대화다. 허소치는 추사 김정희에게 서화書畵를 배운 제자다.

노인성
아바타

128

옛사람들은 노인성을 아예 캐릭터로 만드는 창의력을 발휘한다.

- 키가 작다.
- 머리가 몸의 절반인 2등신이다.
- 사슴, 학 등과 함께 다닌다.
- 복숭아, 지팡이, 두루마리를 들고 있다.
- 이글거리는 눈에 젊은이 피부를 가지고 있다.

노인성이 인간으로 둔갑한 '수노인(남극노인)'이다. 노인성 아바타[1]라 보면 정확하다. 도교가 힘을 많이 보탰기에 도교에선 노인성 아바타를 '남극장생대제'나 '남극선옹'이라 부른다.

파란 눈동자를 가진 최강 동안 남극노인

장수 상징 아홉 마디 지팡이를 짚고 하늘로 솟구친다. (중략)

천도복숭아를 훔치려는 생각이 진실로 어리석지만

늙은 어머니를 위하는 자네 마음을 내 아나니

장수 비결이 담긴 책을 그대에게 주노라.

돌아가서 어머님께 드리시게.

이 책을 기본 텍스트로 예습, 복습 철저히 하면

내가 98만 3000년 동안 젊음을 누린 것처럼

자네 어머님도 늙지 않고 죽지 않을 걸세.

공민왕 때 원나라에서 고려로 귀화해 살았던 위구르족 설손이 어머니 생일에 만수무강을 기원하며 지은 시다.[2]

뭐 이 정도는 중상류층 일이고, 당시 일반인들은 대부분 글을 몰랐기에 굿즈로 제작한 노인성을 소유했다. 하르방 열쇠고리를 떠올리면 쉽겠다. 가면으로 만들어 연예인들이 나례 때 소품으로 이용했고, 도자기에 새겨 선물하기도 했다.

---

1 중국 송나라 때부터 시작된 것으로 보인다. 아바타avatar는 힌두교에서 유래한 단어다. 산스크리트어 '아바타라(화신)'는 '내려오다ava'와 '땅terr'을 합성한 단어로 '지상에 강림한 신의 화신'을 의미한다. 비슈누의 주요 아바타라(화신)는 10가지인데 절반은 인간이고 절반은 동물이다.

2 서거정,《동문선》내용을 의역했다.

129

수노인의
수난

슈퍼스타도 안티는 존재하는 법, 노인성은 놀림을 당하기도 했다.

"대머리 선생, 여전히 신수[1]가 훤하시고 모자도 안 쓰셨네."

싸수[2] 없는 말을 던진 뒤 제 비니를 벗어 수노인 머리에 덮는다. 수노인은 발끈해서 모자를 집어 던졌다. 누굴까?

저팔계다.

팔계는 지켰지만 외모 지적질이라는 저열한 습성은 쉽게 바

1 　신수身手는 용모나 풍채, 드러나 보이는 사람의 겉모양을 의미한다.
2 　싸가지의 표준어.

꾸지 않는다. 뭐, 몇몇 안티는 있었지만 대세에는 지장 무無. 수노인은 아예 불교 속으로 파고들어 수명을 관장하는 존재로 완벽히 입지를 굳혔다. 칠성탱 안에 들어가 떡하니 포즈를 취하기도 한다.[3]

이 모든 게 만수무강에 대한 열망이다.

---

3   수노인을 찾아볼 수 있는 그림은 통도사 '동치 5년명 칠성탱'이다. 구글에서 검색하면
    이미지를 볼 수 있는데, 아랫줄 왼쪽에서 두 번째 인물이다. 통도사 성보박물관에서 소
    장하고 있다. 칠성탱은 칠성'탱화'를 말한다. 불화와 탱화 구분은 의외로 복잡하고 모호
    한 부분도 많다. 전문가가 아닌 이상 탱화와 불화는 같은 것으로 이해해도 무방하다.

130

죽음 수용
5단계

만수무강 프로젝트가 실패했음을 고지받을 때, 즉 죽음을 선고받을 때 사람들 반응은 이렇다.

1. 현실 부정, 인지부조화

　　냇물이 졸졸 흘러가는 모습은
　　시간이 흘러감을 떠올려 슬펐다
　　냇물이 이런 내 마음 알았는지
　　바위 곁을 돌면서 일부러 늦게 흐르네[1]

2. 젊음에 대한 시기, 분노

1　이규보의 시.

하늘이 어떻게 너희들 편만 들어주겠니

화창한 젊음 오래 간다 자신하지 마라

대머리와 얼굴 주름이 너희를 기다리고 있으니[2]

3. 저승사자와 협상

80세는 아직 애다

90세에 저승사자 오거든

100세 되면 다시 오라고 돌려보내라[3]

4. 절망에서 비롯된 우울

젊음, 신성한 보배여

다시는 돌아오지 못할 길을 가는구나[4]

5. 수용과 유머[5]

---

2   당나라 시인 이하(790~816, 이장길)가 지은 시 〈젊은이를 꾸짖다剌年少〉의 일부다.

3   일본 오키나와 북쪽 오기니촌에 있는 비석 글귀다.

4   니카라과 출신 시인 루벤 다리오Rubén Darío(1867~1916)의 시 일부다.

죽는 것은 두렵지 않다.

단지 죽음이 찾아올 때 거기 있고 싶지 않을 뿐이다.

그래서 인생이 짧다고 한탄한 뒤, 그 짧은 인생마저 스스로 단축시켜버린 고흐의 선택이 아쉽다.

그런데 우리는 다른가?

5　엘리자베스 퀴블러 로스Elizabeth Kubler Ross(1926~2004)는 인터뷰 조사를 통해 죽음을 앞둔 사람들의 반응을 5단계로 나누었다. 부정과 고립 - 분노 - 타협 - 침체(절망) - 수용. 사람에 따라 순서가 바뀌기도 하고, 몇 단계를 생략하기도 하고, 아예 단계를 안 밟는 경우도 있다.

스스로 죽음을
결정하는 시대

뇌졸중, 당뇨병, 심혈관계 질환 등 비감염성 질환은 대부분 생활습관 때문에 발생한다.[1] 감염성 질환과는 달리 우리 의지로 예방 가능하다.

2011년은 인간 역사에 의미 깊은 날이다. 사상 최초로 비감염성 질환 사망자가 감염성 질환 사망자 수를 추월했다.

무슨 의미일까?

스스로 선택한 죽음이 더 많아졌다는 말이다. 어떻게 죽을지를 사실상 스스로 결정하는 시대가 된 것이다.

그래서 다시 물을 수 있다. 우리는 정말 고흐보다 나은가?

---

1 칼망 때 다루었다. 술과 담배(간접흡연 포함)는 '확실한' 발암물질이다. 석면, 카드뮴, 비소, 청산가스, 미세먼지와 레벨이 같다.

정말 수명이
늘어날까?

《토정비결》로 유명한 토정 이지함은 노인성을 보기 위해 제주도를 세 번이나 방문해 한라산에 올랐다. 대단한 사람이다.

별을 보기 위해 한밤중에 한라산을 오르거나 내려오는 일은 요즘에도 쉬운 일이 아니다. 변변한 랜턴이나 등산화도 없던 옛날엔 목숨을 걸어야 하는 극한 체험이었다. 게다가 노인성을 볼 수 있는 9월 말부터 4월 초까지 한라산은 일관성 있게 '추운 겨울밤'이다.[1]

그래서 서울에서 내려온 관리나 VIP를 위한 플랜 B가 '서귀진성 또는 삼매봉 남성대에서 편안하게 노인성 관측하기' 프로

---

1   추분 무렵은 새벽, 동지 무렵은 한밤중, 춘분 무렵은 초저녁에 뜬다. 하지 무렵은 정오에 출현해 육안으로 볼 수 없다.

그램이었다.[2] 한라산과 비교하면 평지나 마찬가지라 가시성이 떨어지지만 수월하게 수명을 늘리고자 했던 서울 양반들에겐 인기 절정 포토 스폿이자 핫 스폿이었다.

어쨌든, 노인성을 보면 정말 수명이 늘까?

남회귀선(남위 23도 27분) 아래 있는 나라들에 가면 노인성을 쉽게 볼 수 있다.

안 가도 볼 수 있다. 브라질 국기에 별이 27개 있는데 왼쪽에서 일곱 번째 별이 노인성이다.

호주의 멜버른, 뉴질랜드 수도 웰링턴 등 남쪽으로 더 내려가면 노인성이 아예 밤새 지지 않는다. 밝기도 엄청나다.

노인성을 보면 수명이 늘까, 에 대한 답이라고 하면 너무 삭막한가?

---

2   서귀진성은 서귀포 구旧 시가지에 있다. 서귀포 시 태평로 359. 남성대가 있는 삼매봉은 관광지로 유명한 외돌개 입구에 있다.

수성
초당

133

제주로 유배 갔던 추사 김정희는 노인성을 보았을까?

기록이 없어 알 수 없지만 봤을 가능성이 크다.

① 그가 살았던 서귀포 시 대정은 노인성을 볼 수 있는 위치다.

② 유배 기간이 8년이어서 볼 수 있는 시간이 많았다.

③ 재밌는 일도, 해야 할 일도 딱히 없었다.

추사는 자신이 살아야만 했던 집에 이름을 지어줬다.

귤중옥 橘中屋

매화, 국화, 대나무는 서울에도 있지만

귤은 내가 사는 곳에만 있다

귤은 속과 겉이 다 깨끗하다

높은 지조와 향기로운 덕은 최고다

그래서 내 집 이름을 귤중옥이라 지었다

꿈보다 해몽이다. 어쨌든, 추사가 가르친 제주 제자 이한우 또한 스승이 살아야만 했던 집에 이름을 붙였다.

수성초당壽星草堂[1]

그가 스승을 위해 지은 시다.

남쪽으로 천 리를 걸어 바닷가 초가 한 채

임금께서 노인성을 볼 수 있는 은혜를 허락하셨네

외로운 마음을 밤마다 향으로 태우니

흐르는 눈물 사이로 백발이 더해간다

---

1 수성壽星은 목숨을 관장하는 별이라는 뜻으로 노인성을 가리킨다. 초당草堂은 초가집이
   나 작은 집.

진실 혹은
착각

134

인간은 갈대다.[1]

한 개의 갈대다.

온 우주에서 가장 약한 존재다.

그러나 인간은 생각하는 갈대다.

인간을 죽이는 데

전 우주가 나설 필요는 없다.

한 방울의 물이면 충분하다.

---

1   파스칼은 성경에서 갈대 비유를 따온 것으로 보인다. 기독교 성경 〈이사야〉 42장 3절,
    "상한 갈대를 꺾지 아니하며 꺼져가는 등불을 끄지 아니하고 진실로 정의를 시행할 것
    이며."

그럼에도 인간은 존귀하다.

자신을 죽이는 우주보다 훨씬 존귀하다.

인간은 자신이 죽는 것과 우주의 우월함을 알지만

우주는 이것들을 모르기 때문이다.[2]

정말 그럴까?

우주에 대해 아는 것이 적은 사람일수록 우주를 잘 설명한다. 우주에 대해 알면 알수록 나오는 건 침묵이다.

옛 사람 볼 수 없고

올 사람도 볼 수 없네.

우주의 무한함 생각하니

눈물만 흐른다.

---

2   파스칼, 《팡세》, 6편. 필자가 살짝 응용했다.

두려운
신비

135

절대적 존재를 맞닥뜨린 인간이 느끼는 감정은 두 가지다.

두려움과 신비.

두 감정은 하나로 엉켜 있기에 종교학에선 '두려운 신비 tremendus mysterium'라 붙여 부른다.[1]

두렵지만 신비함, 신비하지만 두려움.

이걸 쉽게 표현한 단어가 '경외敬畏'다. 종교가 없더라도 경외를 체험할 수 있다. 칼 세이건Carl Sagan이 말했다.

---

1   라틴어다. tremendus(두려운) mysterium(신비, 매혹).

"별을 보면 경외를 경험할 수 있다."

하지만 우리는 별을 보며 우리 욕망을 별에 투영한다. 별마저도 이용하고 통제하려 한다. 우리 때문에 별이 더럽혀지는 것은 아닐까?

별
삼형제

날 저무는 하늘에

별이 삼형제

반짝반짝 정답게

지내이더니

웬일인지 별 하나

보이지 않고

남은 별이 둘이서

눈물 흘린다.[2]

수천 년이 지나도 변함없는 별은 태초 모습을 그대로 간직한

---

2   방정환이 1920년대에 지은 동요 〈형제별〉이다.

순수다. 그래서 우리는 별을 바라보며 인간다워졌다.

여기서 의문. 문학과 종교를 떠나 과학적으로는 우리가 별과 아무 관련이 없는 걸까?

별의

일생

산소, 탄소, 수소, 질소, 칼슘, 인 등 여섯 개 원소만 있으면 사람 몸 99%를 만들 수 있다.[1]

산소 65%

탄소 18%

수소 10%

질소 3.2%

칼슘 1.5%

인 1.0%

그냥 몸만 만들 수 있다. 생명 활동을 하려면, 건강하게 살려

---

1   무게 기준이다. 원자 수로 따지면 99.5%다. 산소 26%, 수소 62%, 탄소 10%, 질소 1%.

면, 장수하려면 나머지 1%를 채워야 한다. 그 1%에 들어가는 원소를 아래에서 고른다면?

구리, 아연, 코발트, 실리콘, 납, 수은, 카드뮴

- 구리, 아연, 코발트: 소화와 흡수, 유전 물질 합성, 신경 세포 작용 등에 관여하기 때문에 건강하게 살기 위해서 반드시 필요한 원소다. 극소량만 있어야 한다. 많으면 독이다.
- 실리콘(규소): 뼈 성장에 반드시 필요한 원소다. '성장'을 다르게 해석해서 성형수술을 통해 적극적으로 몸에 집어넣기도 한다.
- 납, 수은, 카드뮴: 조금도 필요 없지만 환경오염으로 최근 백 년 사이 지구인들 몸에 스멀스멀 스며들고 있는 원소들이다.

정리하면, '건강한 몸'을 만들기 위해서는 원소 28종이 필요하다.[2]

수소(1), 리튬(3), 붕소(5), 탄소(6), 질소(7), 산소(8), 불소(9), 나트륨(11), 마그네슘(12), 규소(14), 인(15), 황(16), 염소(17), 칼륨(19), 칼슘(20), 바나듐(23), 크롬(24), 망간(25), 철(26), 코발트(27),니켈

(28), 구리(29), 아연(30), 비소(33), 셀레늄(34), 브롬(35), 몰리브덴
(42), 요오드(53). *( ) 안은 원자 번호

이 원소들은 다 어디서 왔을까?

믿기지 않겠지만 죄다 우주에서 왔다.

---

2   납, 수은, 카드뮴, 폴로늄을 비롯해 인간 몸에서 50~60가지 원소가 검출된다고 한다. 하
    지만 검출된다고 해서 우리 몸을 구성한다는 건 아니다. 폴로늄은 독성 강한 방사성 원
    소로 퀴리 부부가 발견했다. 마리 퀴리(퀴리 부인) 출생국인 폴란드를 딴 이름이다. 2006
    년 러시아 총리 푸틴을 비판한 전 KGB 요원이 암살당했는데 이때 사용된 물질이 폴로늄
    이다. 담배 연기에서도 발생하므로 흡연자나 간접 흡연자 몸에서도 발견된다.

완전한
무

종교, 신화, 문학 등을 제외하고 오직 과학으로만 말한다면 우주는 138억 년 전에 탄생했다. 우주가 탄생하기 전에는 아무것도 없었다.

빛이 없었다. 어둠도 없었다.

물질이 없었다. 에너지도 없었다.

시간이 없었다. 공간도 없었다.

없었다는 것조차 없었다. 이런 걸 완전한 무無, 절대 무라 부른다.[1]

---

1   엄밀히 말하면 '우주가 탄생하기 전에는 아무것도 없었다'는 문장 자체가 오류다. 시간과 우주는 같이 태어났기에 '우주 탄생 이전'은 성립할 수 없는 말이다.

언불
진의

상상할 수 있는 가장 작은 점을 A라 하자.[1] 태양을 꾹꾹 눌러 누르고 누르고 또 눌러 A 안에 완벽히 다 집어넣으면 A는 얼마나 빽빽하고 뜨거울까?

이번엔 사이즈를 키우자. 태양과 지구는 물론 태양계 전체를 A 안에 집어넣자. 태양계가 속한 우리 은하도, 노인성도, 특이한 사람들이 바글거리는 안드로메다 은하도 욱여넣자.

그렇게 하나하나 밀어넣어 마지막엔 우주에 존재하는 모든 물질과 에너지를 A 안에 집어넣자. 그때 A 상태는?

상상이 불가능한 무한대 밀도, 무한대 압력, 무한대 온도다.

---

1 점은 표현을 위한 수학적 기호일 뿐이다. 그 점은 부피도 없고 면적도 없고 상상할 수 있는 가장 작은 점보다 더 작은 점이다. 차원으로 말하면 0차원이다. 1차원은 선, 2차원은 면, 3차원은 공간.

게다가 표현을 위해 '가장 작은 점' A라고 했을 뿐, 가장 작은 점보다 더 작다. 결국 점 A는 부피도 없고 면적도 없고 아무것도 없다는 점에서 완전한 무와 통한다.

우주 탄생 순간의 상태를, 말로는 불가능한 것을 굳이 표현하면 이렇다는 말이다.

글은 말을 다하지 못하고, 말은 뜻을 다하지 못한다.[2]

---

2 《주역》〈계사상전〉, 書不盡言 言不盡意(서불진언 언불진의).

태초의
우주

1. 상상할 수도 없이 작은 점 A가 대략 138억 년 전에 폭발했다.[1] 이를 '빅뱅(대폭발)'이라 부른다.

2. 빅뱅과 함께 시간과 공간이 만들어지고 우주 역사가 시작되었으니 태초太初라 불러도 된다.[2]

3. 폭발한 이유는 모른다. 그건 과학이 아니라 종교 영역이다. 과학은 '왜'가 아니라 '어떻게'를 주로 연구하는 학문이다.[3]

---

1   플랑크 위성이 관측한 자료를 분석한 2015년 기준이다.
2   기독교인들은 천지창조 순간이라 해석해도 무방하다.
3   과학은 인과법칙 발견, 인문학은 반성하는 사유가 목적이다.

4. 빅뱅 이후 10^{-43}초까지를 '플랑크 시대'라고 부른다. 과학이 건드릴 수 없는 시간이자 인간 인식이 넘어설 수 없는 한계점이다.[4]

5. 10^{-43}초에서 10^{-35}초까지는 '대통일이론 시대'다. 기본 힘인 강력, 전기력, 약력, 중력이 하나로 통일되어 있었을 것이라 추정한다.[5]

6. 10^{-35}초에서 10^{-32}초 사이에 우주가 급팽창한다.

7. 10^{-32}초에서 1초 사이에 쿼크와 전자 등 기본 입자가 탄생한다.[6] 이후 쿼크 세 개가 결합해 양성자(수소 원자핵)와 중성자도 탄생한다.[7]

8. 빅뱅 후 1초에서 3분, 양성자와 중성자가 충돌해 헬륨 원자핵이 탄생한다.[8]

---

4 시간과 공간에도 최소 단위가 있다. 10^{-43}초를 플랑크 시간, 10^{-35}미터를 플랑크 길이라 한다. 이보다 더 작을 수는 없다.

5 중력은 따로 존재했을 가능성도 있다. 빅뱅 이후 우주는 바로 지금 이 시간까지 줄기차게 팽창해왔고, 이에 발맞추어 온도는 계속 떨어지고 있다. 우주 크기와 우주 온도는 거의 반비례한다. 단, 여기서 크기는 3차원이 아니라 1차원인 거리 개념이다. 우주 온도는 광자 에너지를 온도로 환산한 것이다.

9. 빅뱅 후 1만 년까지는 '빛(광자)의 시대'였다.[9] 양성자 하나
   당 광자가 10억 개나 존재할 정도로 우주는 고온, 고에너
   지 빛이 주도했다.[10]

10. 빛이 주인공인 시대였지만 우주는 밝지 않았다. 빛이 원
    자핵과 전자에 부딪쳐 직진하지 못하고 갈팡질팡했기에

---

6 기본 입자는 더 이상 분해할 수 없는 가장 작은 입자다. 쿼크 여섯 종류(업, 다운, 참, 스트
   레인지, 톱, 보텀), 렙톤 여섯 종류(전자, 전자 중성미자, 뮤온, 뮤온 중성미자, 타우, 타우 중성미자),
   힘 매개 입자 네 종류, 그리고 최근에 발견된 힉스 입자 등 17개가 있다. 반쿼크와 반렙
   톤 등 반입자도 같이 생겼지만 반쿼크는 쿼크와, 반렙톤은 렙톤과 '쌍소멸'해 빛을 방출
   하고 소멸했다. 다행히 쿼크와 렙톤이 조금 더 많았기에 쌍소멸 후에도 살아남았다. 쿼
   크라는 이름은 캘리포니아 공대 물리학 교수 머리 겔만Murray Gell-Mann이 제임스 조이
   스James Joyce가 쓴 소설《피네간의 경야》에 나오는 '마크 대장을 위해 만세 삼창Three
   Quarks for Muster Mark'에서 따왔다.

7 양성자(업 쿼크 2개 + 다운 쿼크 1개), 중성자(업 쿼크 1개 + 다운 쿼크 2개). 중성자가 양성자보
   다 질량이 살짝 크다. 중성자가 질량 차이만큼 에너지를 방출하면 양성자로, 양성자가
   에너지를 흡수하면 중성자로 변할 수 있다.

8 원시 핵융합 반응 또는 빅뱅 핵합성이라 부른다. 중수소와 리튬 원자핵, 베릴륨 원자핵
   도 생성되었지만 미미한 양이라 그냥 무시한다. 고에너지 광자들이 부딪쳐 전자와 핵은
   결합하지 못했고, 결합해도 금방 분리되었다. 그래서 이 시점까지도 원자는 탄생하지 못
   했다.

9 입자와 반입자들이 충돌해 쌍소멸하며 빛을 방출했다. 빛과 광자는 기본적으로 같은 의
   미다. 빛은 파동이면서 입자다. 빛이 가진 입자 성격을 강조할 때 '광자'라 부른다.

10 광자가 가진 에너지 변화에 따라 우주 팽창이 결정되었고, 우주 온도 역시 광자 에너지
   를 온도로 환산한 것이다. 현재 우주 부피는 10^{31}광년, 그 안에 10^{89}개 광자, 10^{80}개 입자
   가 있는 것으로 추정된다. 우주론에 관한 더 깊은 내용은 다음 책들을 참고하면 좋다. 뒤
   로 갈수록 어려운 책이다. 이석영,《모든 사람을 위한 빅뱅 우주론 강의》, 사이언스북스,
   2017. 사이먼 싱,《사이먼 싱의 빅뱅》, 곽영직 역, 영림카디널, 2006. 닐 디그래스 타이슨
   외,《웰컴 투 더 유니버스》, 이강환 역, 바다출판사, 2019.

완전히 어둡지는 않았지만 앞이 보이는 것도 아니었다.

11. 전자 입장에선 광자가 방해해서 원자핵과 결합할 수 없었다고 봐도 된다. 우연히 결합했다 해도 바로 광자가 쳐들어와 둘을 갈라놓았다. 서로가 서로에게 걸림돌이 되는 혼란한 시대였다.

12. 빅뱅 후 38만 년쯤 흐르자 우주 온도는 3000도[11]까지 낮아졌고 광자의 힘도 살짝 떨어진다.

13. 마침내 원자핵과 전자가 '최초로' 결합해 수소 원자와 헬륨 원자가 탄생한다. 이를 재결합recombination이라 부르는데, 사실 원자핵과 전자는 이전에 안정적으로 결합한 적이 없기 때문에 '재'결합이라 말하기 힘들다. 학자들이 그냥 관성대로 사용하고 있는 용어다.

여기까지가 초기 우주다.

---

11 보통은 3000도가 아니라 3천K라고 표현한다. K는 절대 온도 단위다. 섭씨 온도에 273.15를 더하면 절대 온도다. 즉, 섭씨 0도는 273.15K. 계란 삶을 때는 어마어마한 차이지만 초고온 초기 우주에선 별 의미가 없어 섭씨 온도와 절대 온도를 구별 없이 사용하기도 한다.

태초의
빛

빅뱅 후 38만 년, 원자핵과 전자가 결합해 원자를 탄생시킨 '재결합 시대'는 전자와 빛이 분리되는 '대분리 시대'이기도 했다. 전자가 간섭해 제대로 활동하기 힘들었던 빛이 드디어 빛나게 된다.

빅뱅 38만 년 후에 일어난 일이지만 138억 년 중에서 38만 년은 무시할 수준이므로 그냥 '최초의 빛'이라 봐도 무방하다. 이 빛을 '우주배경복사Cosmic Background Radiation'라 부른다.[1]

우주배경복사를 최초로 발견한 아노 펜지어스Arno Allan Penzias와 로버트 우드로 윌슨Robert Woodrow Wilson은 그 공로로 1978년에 노벨

---

1   우주 팽창과 함께 오늘날까지 우주 전체에 고르게 퍼져 우주에 배경처럼 깔려 있다고 해서 '우주배경복사'다. 마이크로파 말고도 다른 파장이나 입자로 이루어진 배경복사가 검출되면서 지금은 마이크로파만 꼽아서 '우주 마이크로파 배경복사'라고도 부른다.

물리학상을 받았다. COBE 위성을 통해 우주배경복사를 정밀하게 측정한 조지 스무트_{George Fitzgerald Smoot III}와 존 매더_{John Cromwell Mather}는 2006년에 노벨 물리학상을 받았다.

조지 스무트가 한 말이다.

> "우리는 지금까지 보지 못했던 가장 오래된 초기 우주 구조를 관측했습니다. 만일 여러분이 기독교 신앙을 가지고 있다면 이것은 신의 얼굴을 본 것과 같은 것입니다."[2]

미국 언론들은 '신의 지문', '신의 필체'를 발견했다고도 했다. 〈창세기〉 1장을 떠올렸기 때문이다.

우리도 최초의 빛을 만날 수 있다. FM 라디오를 돌릴 때 채널 사이에서 나오는 잡음, 아날로그 TV에서 정규방송이 끝나거나 방송이 없는 채널에서 들리는 치지직 소리 중 1% 정도는 우주를 떠돌던 우주배경복사가 기계에 잡힌 것이다.[3]

마음을 열고 조금만 시간을 할애하면 최초의 빛을 볼 수, 아니 들을 수 있다.

---

2 불교도들은 섭섭해하지 마시길. 다중 우주 개념은 삼천 세계와 연결할 수도 있으니.

3 우주가 커지고 식어가면서 우주배경복사 역사 파장이 변했다. 당시 파장은 2마이크로미터로 적외선 영역이었고 현재는 초단파 영역이다.

적색
거성

142

1. 빅뱅 후 38만 년에 수소 원자와 헬륨 원자가 탄생한다.

2. 이후 우주에는 별다른 일이 없었다. 무심히 팽창하기만 할 뿐이었다. 팽창하는 우주를 따라 원자들도 퍼져나갔다.

3. 우주에 퍼져 있던 성간 물질(대부분이 수소와 헬륨)이 군데군데 뭉치면서 밀도가 커지고, 밀도가 커진 부분은 더 많은 기체를 불러들여 가스 구름이 만들어진다.[1]

4. 무거워진 가스 구름은 제 중력 때문에 수축하고, 이 과정

---

1   암흑 물질들이 모여 암흑 웅덩이dark halo가 만들어진다. 이 웅덩이는 중력장을 형성해 수소와 헬륨을 빨아들인다.

이 수억 년간 반복되면서 드디어 기체 덩어리인 원시별이 탄생한다.

5. 원시별은 자체 중력에 의해 수축하는데 그 과정에서 중심부 밀도가 높아지고 온도는 계속해서 올라간다.

6. 중심부 온도가 1000만 도 이상 올라가면 중심부에서 수소 핵융합 반응이 시작된다.

7. 중심부에 가득한 수소가 핵융합을 통해 헬륨으로 바뀐다. 그 과정에서 1초에 핵폭탄 1조 개에 해당하는 에너지가 생성되어 우주에 방출된다.[2] 밝은 빛을 방출해 우리가 맨눈으로도 밤하늘에서 볼 수 있는 별로 성장했다는 말이다. 이 별을 특히 '주계열성$_{main\ sequence}$'이라 부른다.[3]

8. 이때가 빅뱅 4억 년 후다. 본격적으로 별들이 탄생하는 것은 빅뱅 7억 년 후다.[4]

---

2 아인슈타인이 에너지를 계산하는 식을 발견했다. 핵융합은 빛(가시광선을 포함한 전자기파)과 입자 방사선(양성자, 중성미자 등)을 항성풍 형태로 발산한다. 핵융합 반응은 높은 온도와 바깥으로 향하는 압력을 생성한다. 이 압력이 질량 때문에 생기는 자체 중력과 평형을 이루어 별이 중력 때문에 붕괴하는 것을 막아준다.

9. 핵융합이 계속될수록 별 중심부에서 수소는 사라지고 그 자리를 헬륨이 채운다. 별 중심부 수소를 다 사용하면 핵융합은 멈춘다.[5]

10. 핵융합이 멈추면 중력 때문에 중심부 헬륨이 수축한다. 이러면 열이 발생해 외곽부 수소가 가열되고 별이 팽창한다. 결국 별은 처음보다 수십 배 이상 팽창하고 표면 온도는 낮아져 붉게 보인다.[6] 그래서 '적색 거성'이라 부른다.[7]

11. 태양도 적색 거성이 될 운명인데 그렇게 되면 지구를 가뿐하게 삼킬 정도로 커진다. 대략 77억 년쯤 후에 일어날 일이니 후손 걱정은 안 해도 된다. 지구는 태양이 아니라

---

3 주계열성보다 항성이 조금 더 큰 범위지만 항성이라고 말해도 대충 맞다. 질량이 태양의 7.5~8%에 미치지 못하는 별은 수소 핵융합 반응을 하지 못한다. 중수소나 리튬을 태우며 아주 적은 에너지를 발산하는데 이를 '갈색 왜성'이라 한다. 핵융합을 시작했다고 별이 바로 빛을 내진 않는다. 핵융합으로 생긴 에너지가 광자로 바뀌어 별의 표면까지 올라오는 데 100만 년쯤 걸린다. 만약 목성이 지금보다 100배 더 큰 질량으로 태어났더라면 주계열성이 될 수도 있었다. 그랬다면 태양계는 태양 두 개가 이글거리는 지옥이 되었을 것이다.

4 플랑크 위성 관측 자료를 더욱 정밀하게 분석한 2016년 발표에 따른다.

5 중심부는 헬륨, 외곽부는 수소다.

6 핵융합 반응이 멈추면 바깥으로 향하는 힘도 멈춰 중력 때문에 별이 수축한다. 하지만 수축에 의해 열이 발생한다.

7 이때도 중심부는 헬륨, 외곽부는 수소다.

우리 손에 의해 그보다 훨씬 전에 파괴될까 봐 걱정이다.

12. 별(적색 거성) 중심부는 계속 수축한다. 중심부 온도가 1억 도를 넘어서면 드디어 헬륨 핵융합이 시작된다.[8]

13. 중심부에 가득한 헬륨을 탄소로 융합하는 게 헬륨 핵융합이다. 빛과 에너지가 외부로 방출되고 별 중심부는 탄소로 바뀐다.

14. 별 중심부 헬륨이 죄다 탄소로 바뀌면 당연히 핵융합이 멈춘다. 이러면 별로서의 수명은 사실상 끝이다.

15. 별 외곽부는 팽창하여 우주로 산산이 방출되고(행성상 성운), 중심부는 더 수축해 '백색 왜성white dwarf'이 된다.[9]

---

8 1억 도 이상 초고온이 수만 년 지속되어야 가능하다.

9 우주에 존재하는 별 중 90%가 이 과정을 걷는다. 에너지원을 잃은 백색 왜성은 점점 차가워지고, 결국에는 아무런 빛도 내지 않는 흑색 왜성이 된다. 하지만 이 과정이 수조 년 걸리기 때문에 아직까지 우주에는 흑색 왜성이 없다.

초거성의
탄생

1. 질량이 태양보다 10배 이상 큰 별은 다른 길을 걷는다. 적색 거성보다 훨씬 큰 초거성으로 변한다.[1] 수소 핵융합, 헬륨 핵융합까지는 적색 거성과 비슷하지만 다음 단계가 더 있다.

2. 초거성은 핵융합 단계를 바꿔가며 여러 원소를 생산한다.

   산소(8) = 헬륨(2) + 탄소(6)

   네온(10) = 헬륨(2) + 산소(8)

   마그네슘(12) = 헬륨(2) + 네온(10)

   규소(14) = 탄소(6) + 산소(8)

---

1 초거성 베텔게우스는 태양보다 600배쯤 크다. 밀도는 태양에 비해 많이 낮다.

황(16) = 산소(8) + 산소(8) *( )안은 원자 번호

3. 초거성은 마지막 단계로 철(규소+규소)을 생성한다. 중심부에 철이 생성되면 핵융합은 멈추고, 지탱해줄 에너지가 사라진 초거성은 자체 중력에 의해 쪼그라든다.[2]

4. 계속해서 줄어들던 초거성은 어느 순간 엄청난 빛과 에너지를 방출하며 폭발하는데 이를 '초신성 폭발'이라 부른다. 수천억 개 별을 합친 정도(혹은 은하 한 개)의 어마어마한 빛과 에너지가 우주로 발산한다.[3]

---

2   그래서 철은 별 파괴자다. 하지만 철 때문에 우리는 살아갈 수 있다. 우리 문명도 그렇고 우리 생명도 그렇다. 철은 우주에서 여섯 번째로 풍부한 원소다. 핵융합으로 별 내부에 생성된 철은 기체다. 고체 철보다 수백 배 더 무겁다. 온도는 30억 도.

3   1987년 우리 은하와 가까운 대마젤란 은하에서 초신성(SN1987A)이 폭발했는데 거기서 나온 별 먼지는 지구 20만 개를 만들 양이다. 초신성은 한 개 은하에서 보통 100년에 한 번 꼴로 생긴다. 우리 은하에서는 1604년 10월에 출현한 케플러 초신성이 마지막이었다. 지구에서 2만 광년 떨어진 뱀주인자리에 있다. 50일 가까이 빛을 발산했는데 금성 다음으로 밝게 빛났다. 독일의 천문학자 요하네스 케플러Johannes Kepler가 관찰하고 연구해서 '케플러'라는 이름이 붙었지만 《조선왕조실록》(선조 37년) 기록도 의미가 크다. 케플러보다 며칠 앞서 관찰했고 기간도 7개월에 이른다. 우리 은하에서 폭발할 다음 초신성으로는 지구에서 7,500광년 떨어진 용골자리 에타 카리나가 유력하다. 19세기 중반에는 하늘에서 두 번째로 밝았지만 20세기 들어 50년간 사라졌다가 최근에 다시 맨눈에 관찰된다. 1000년 안에 폭발 가능성이 높은데 당장 내일이라도 폭발할 수 있다. 어쩌면 벌써 폭발했을 수도 있다. 그렇다면 그 빛은 지금 맹렬히 우주 공간을 가르며 지구로 향하고 있을 것이다.

5. 초신성 폭발 과정에서 순간적으로 핵융합 반응이 일어나 철보다 무거운 구리, 금, 납, 우라늄, 플루토늄 등 주기율표 상 거의 모든 원소가 합성된다. 얘들이 우주로 퍼져 성간 물질이 된다.[4]

6. 덕분에 수소와 헬륨이 주종이던 성간 물질엔 다양한 원소가 추가되고 양도 늘어난다.

7. 초신성 폭발은 별 외곽부에서 일어난다. 그래서 폭발할 때 별 중심부는 더 압축되어 중성자별[5]이 되거나 블랙홀이 된다.

8. 적색 거성과 초거성이 죽어가면서 우주에 뿌린 다양한 원소들 덕분에 성간 물질도 예전보다 훨씬 다양해진다. 이 재료들이 뭉쳐 다시 별들이 탄생했고[6] 이 과정은 지금도 계속되고 있다.[7]

---

4 92번 원소인 우라늄까지는 지구에 천연으로 존재한다.

5 지름이 몇십 km에 불과하다.

6 별 하나가 만들어지려면 1억 년 정도가 걸린다. 태양계가 속한 우리 은하에서는 1년에 두세 개씩 별이 만들어지고 있다.

7 현재까지 존재하는 원시별은 없다. 물론 발견되지 않았을 수도 있다. 현재 가장 오래된 별은 원시별의 몇 대 후손들이다.

다음은 윌리엄 버틀러 예이츠_{William Butler Yeats}[8]가 쓴 시 〈재림〉 중 일부다.

모든 것이 파괴되고 중심은 더 이상 견디지 못한다.

완전한 무질서가 우주로 방출된다.

---

[8] 1865~1939. 아일랜드 시인 겸 극작가. 20세기 가장 위대한 시인 중 한 명으로 꼽힌다. 1923년 노벨 문학상을 받았다. 김소월이 예이츠에 영감을 받아 〈진달래꽃〉을 썼다는 말이 있다.

우리 안에
우주가 들어 있다

지구를 포함해 우주에는 원소 118종이 있다.[1] 이 중에 28종만 있으면 우리 몸을 만들 수 있다. 우리 몸을 구성하는 27종 원소는 우주 저 어디, 이름 모를 별에서 만들어졌다.

그래서 우리는 별 부스러기다.[2]

나머지 하나인 수소는 빅뱅 직후 만들어졌다. 138억 년 동안 재활용, 재활용, 재활용을 거쳐 우리 몸이 되었다.

그래서 우리 안에 우주가 들어 있다.[3]

---

1 92종은 빅뱅과 별이 만들었고 26종은 과학자들이 만들어냈다.

2 1929년 8월 〈뉴욕타임스〉 과학 섹션 기사는 과학과 낭만이 섞여 있다. '별 먼지, 그것이 인간이다.' 몽테뉴의 말이다. '그대 죽음은 우주 질서의 한 부분이자 창조의 근원이다.'

3 성간 물질은 별을 잉태했다. 별은 자라면서 제 몸속에 다양한 원소들을 키웠다. 별은 죽어가며 어머니 성간 물질에 제 흔적을 보탰다. 그렇게 몇 세대가 지났다. 별 부스러기가 모여 태양이, 달이, 지구가 되었다.

말할 수 있는 진리는
진리가 아니다

완벽히 설명할 수 있는 진리는 진정한 진리가 아니다

완벽히 확정할 수 있는 개념은 진정한 개념이 아니다

무는 이 세계의 시작이다

유는 모든 만물이다

무를 이용해 우주의 보이지 않는 영역을 설명하고

유를 이용해 우주의 보이는 영역을 설명한다

무와 유는 이름만 다를 뿐, 근원은 같다

둘을 일컬어 신비하다고 한다

신비하고 또 신비하다

존재와 비존재가 들락거리는 문이다

道可道 非常道(도가도 비상도)

名可名 非常名(명가명 비상명)

無 名天地之始(무 명천지지시)

有 名万物之母(유 명만물지모)

故常無 欲以觀其妙(고상무 욕이관기묘)

常有 欲以觀其徼(상유 욕이관기요)

此兩者 同出而異名(차양자 동출이이명)

同謂之玄(동위지현)

玄之又玄(현지우현)

衆妙之門(중묘지문)[1]

1   노자,《도덕경》, 1장.

파스칼은
이렇게 말했다

이성의 최후 단계는,

이성을 초월하는 '절대'가 있다는 것을

인정하는 것이다.

우주에서
나의 위치는?

나를 에워싼 우주의 무서운 공간을 본다.

망막한 우주 한 귀퉁이에 연결되어 있음을 깨닫는다.

하지만 왜 여기일까.

다른 곳이 아니고 왜 여기일까.

나에게 허락된 이 짧은 시간을 본다.

하지만 왜 지금일까.

나 이전에 있었던 영원과

내 뒤에 이어질 영원 어디도 아니고

왜 지금일까.

내가 도처에서 보는 것은 무한뿐이며

이 무한은 두 번 다시 반복되지 않는

그림자처럼 나를 둘러싸고 있다.

내가 알고 있는 전부는 내가 마침내 죽으리라는 것.

내가 가장 모르는 것은

어떻게 해서라도 피할 수 없는 이 죽음.[1]

---

1 파스칼, 《팡세》, 3편. 필자가 살짝 응용했다.

다시

칼
망

기네스북
오류

칼망은 122년간 죽음을 피했다.

기네스북은 '공문서 기록이 존재하는' 세계에서 가장 나이 많은 사람을 칼망이라고 선언했다.

오류다.

칼망보다 더 살았거나 최소 칼망과 동갑인 할머니가 조선에 있었다.

누구일까?

149

조선에서 가장 오래 산 할머니

조선 11대 왕 중종이 1540년에 내린 명령이다.

"예전에 올린 서류에 마유량馬有良의 아내 조씨[1] 나이가 118세로 되어 있더라? 내가 느낌이 쎄해서 주민등록대장이랑 가족관계증명서 등 공문서를 샅샅이 살펴보게 했더니 실제론 122세로 밝혀졌지. 1419년 11월 18일 점심 무렵[2] 출생. 무려 세종대왕 할아버지 즉위 1년차에 태어난 거야. 이런 분들은 노인연금으론 부족해. 전라남도와 순창군에서 책임지고 좋은 음식과 명품 의복을 지급해. 물론 내 이름으로 보내."[3]

---

1 이름은 모른다. 남편 마유량은 이미 죽었고, 아들 이름은 행곤行坤이다.
2 오시午時, 11~13시.

장수는 축복일까? 조씨 할머니는 행복했을까?

3 《중종실록》 93권, 중종 35년(1540년 4월 4일). "전에 본 계본計本에는 조씨 나이가 1백 18
   세라 하였으므로 경외京外 장적帳籍을 조사하게 했더니, 모두 1백 22세였다. 이는 진실로
   희귀한 일로 전고에 못 듣던 얘기이다. 요堯·순舜은 모두 1백 세가 넘게 살았지만 이 사
   람에게는 미치지 못하였다. 고기가 아니면 배부르지 않고 비단이 아니면 따뜻하지 않을
   것이니, 의식에 관한 물품을 적당히 헤아려 계속 제급題給함으로써 내가 나이 많은 이를
   숭상한다는 뜻을 보이라."

장수는
축복일까?

150

전라도 관찰사가 중종에게 올린 '조씨 할머니 상태 보고서'
다.[1]

- 90세 이후로 건강 상태가 계속 나빠지고 있습니다.

- 122세인 현재 상태는 심각합니다.

- 배고픔과 배부름, 둘 다 느끼지 못합니다.

- 추위와 더위를 느끼지 못합니다.

- 가려움과 아픔도 느끼지 못합니다.

- 혼자서는 일어나 앉을 수도 없습니다.

- 청각을 완전히 상실해 의사소통이 불가능합니다.

- 시각은 형태 정도만 구분하는 것으로 보입니다.

---

1 《중종실록》, 중종 35년(1540년 4월 4일).

- 말은 논리가 맞지 않고 횡설수설해, 치매로 판단됩니다.

300년쯤 후, 실학자 이규경이 이런 말을 남겼다.[2]

"제주에는 100세 넘은 노인들이 많은 데 노인성을 볼 수 있어서 그렇다. 하지만 장수는 반드시 축복일까? 눈과 귀가 어두워 대화가 불가능하고, 치아가 없어 죽만 먹고, 치매로 자식을 알아볼 수 없다면 100세를 넘긴다 해도 좀비와 다른 게 무엇일까? 장수하지는 못하더라도 사는 동안 건강하다면 그게 행복한 삶이 아닐까?"

---

2 《오주연문장전산고》.

장수는 정말 축복일까?

122년 164일을 산 칼망이 아버지, 어머니, 오빠, 남편의 죽음을 지켜본 건 모두 그녀보다 연장자니까 어쩔 수 없다고 치자.

- 하나뿐인 조카가 21세에 사망
- 하나뿐인 외손자[1]가 오토바이 사고로 37세에 사망
- 외손자가 죽은 해, 그 아버지인 사위도 사망

칼망은 이 모든 죽음을 경험해야 했다. 그리고 칼망은 하나뿐인 딸이 죽어가는 모습도 지켜봐야 했다.[2] 그의 딸은 고작 36년을 살았다. 칼망은 그 처절한 고통들을 어떻게 견뎌냈을까?

---

1 프레드릭 빌리어트Frederic Billot (1926~1963), 기혼이었지만 자식이 없었다.
2 늑막염으로 죽었다.

그럼에도
살아내야 한다

칼망이 말했다.

"내가 좀 살아봐서 아는데, 지금까지 살았다면 앞으로도 살
수 있어."

"사노라면 언젠가는 기쁜 날이 오더라고."

사노라면
기쁨이 있다고

바닷가에 매어둔

작은 고깃배

날마다 출렁거린다

풍랑에 뒤집힐 때도 있다

화사한 날을 기다리고 있다

머얼리 노를 저어 나가서

헤밍웨이의 바다와 노인이 되어서

중얼거리려고

살아온 기적이 살아갈 기적이 된다고

사노라면

많은 기쁨이 있다고[1]

---

1   김종삼(1921~1984) 시인의 〈어부〉라는 시다. 그는 소박하고 착하게 살아가는 사람이 시
인이라고, 그런 삶이 시라고 자신의 작품들을 통해 말했다.

나는 죽음을
기다린다

평생 유쾌하게 살았던 칼망은 마지막까지 유머를 놓지 않았다.[1] 1994년 119세를 기념하며 나눈 인터뷰 후 기자가 말했다.

"내년에도 인터뷰를 했으면 좋겠어요."

칼망이 웃으며 대꾸했다.

"당신, 그렇게 아파 보이지 않는데?"

---

1 칼망이 117세 때 건강검진을 한 의사는 칼망의 인지 능력이 80대와 같다고 판정했다. 말년에 심부전, 만성 기침, 류마티즘을 겪었지만 심각한 질병은 평생 앓지 않았다. 사망할즈음엔 사실상 앞을 볼 수 없었고 청력도 거의 상실했으며 휠체어를 타고 거동했다.

120번째 생일을 앞두고 칼망이 한 말이다.

"나는 기자와 죽음을 기다린다."[2]

---

2 1700년부터 1900년까지 아를에 거주했던 칼망 직계 조상 62명(부모 2명, 조부모 4명, 증조부모 8명, 고조부모 16명, 고고조부모 32명)은 모두 평균보다 장수했다. 상당수가 80세를 넘겼고, 특히 아버지 쪽 혈통이 장수했다. 칼망의 아버지는 92세, 어머니는 86세까지 살았다.

우주에 존재하는 모든 것들은 서로 얽혀 있다.
지구에서 꽃 한 송이를 꺾으면 하늘의 별이 움직인다.

인문학 쫌 아는
어른이 되고 싶어

©조이엘, 2022

초판 1쇄 발행 2022년 7월 14일
초판 3쇄 발행 2023년 10월 10일

펴낸 곳 섬타임즈
펴낸이 이애경
편집 이안
디자인 studio.90f

출판등록 제651-2020-000041호
주소 제주시 애월읍 소길1길 15
이메일 sometimesjeju@gmail.com
대표전화 0507-1331-3219
인스타그램 sometimes_jeju

ISBN 979-11-974042-1-4 03100